Victoria:
A Celebration of a Queen
and Her Glorious Reign

维多利亚女王和她的时代

［英］德博拉·雅费 著

黄嘉淯 黄乔生 译

生活·讀書·新知 三联书店

Simplified Chinese Copyright © 2022 by SDX Joint Publishing Company.
All Rights Reserved.

本作品简体中文版权由生活·读书·新知三联书店所有。
未经许可，不得翻印。

VICTORIA: A CELEBRATION OF A QUEEN AND HER GLORIOUS REIGN
by
DEBORAH JAFFE
Copyright © Carlton Books Ltd
This edition arranged with CARLTON BOOKS
through Big Apple Agency, Inc., Labuan, Malaysia.
Simplified Chinese edition copyright:
2022 SDX JOINT PUBLISHING CO. LTD.
All rights reserved.

图书在版编目（CIP）数据

维多利亚女王和她的时代／（英）德博拉·雅费著；黄嘉淯，黄乔生译．—北京：生活·读书·新知三联书店，2022.3
（彩图新知）
ISBN 978-7-108-07451-5

Ⅰ.①维… Ⅱ.①德…②黄…③黄… Ⅲ.①维多利亚女王（1819～1901）—传记 Ⅳ.① K835.617=43

中国版本图书馆 CIP 数据核字（2022）第 115270 号

责任编辑 张　璞 徐国强
装帧设计 康　健
责任校对 陈　明
责任印制 卢　岳

出版发行 生活·讀書·新知 三联书店
　　　　　（北京市东城区美术馆东街 22 号 100010）
网　　址 www.sdxjpc.com
图　　字 01-2018-6786
经　　销 新华书店
印　　刷 北京启航东方印刷有限公司
版　　次 2022 年 3 月北京第 1 版
　　　　　2022 年 3 月北京第 1 次印刷
开　　本 720 毫米×1000 毫米 1/16 印张 15.5
字　　数 180 千字 图 178 幅
印　　数 0,001-7,000 册
定　　价 98.00 元

（印装查询：01064002715；邮购查询：01084010542）

彩图新知

出版缘起

近几十年来，各领域的新发现、新探索和新成果层出不穷，并以前所未有的深度和广度影响着人类的社会生活。介绍新知识，启发新思考，一直是三联书店的传统，也是三联店名的题中应有之义。

自1986年恢复独立建制起，我们便以"新知文库"的名义，出版过一批译介西方现代人文社科知识的图书，十余年间出版近百种，在当时的文化热潮中产生了较大影响。2006年起，我们接续这一传统，推出了新版"新知文库"，译介内容更进一步涵盖了医学、生物、天文、物理、军事、艺术等众多领域，崭新的面貌受到了广大读者的欢迎，十余年间又已出版近百种。

这版"新知文库"既非传统的社科理论集萃，也不同于后起的科学类丛书，它更注重新知识、冷知识与跨学科的融合，更注重趣味性、可读性与视野的前瞻性。当然，我们也希望读者能通过知识的演进领悟其理性精神，通过问题的索解学习其治学门径。

今天我们筹划推出其子丛书"彩图新知"，内容拟秉承过去一贯的选材标准，但以图文并茂的形式奉献给读者。在理性探索之外，更突显美育功能，希望读者能在视觉盛宴中获取新知，开阔视野，启迪思维，激发好奇心和想象力。

"彩图新知"丛书将陆续刊行，诚望专家与读者继续支持。

生活·讀書·新知 三联书店
2017年9月

目 录

前言　　7

第一章　亚历山德里娜·维多利亚公主　　15

第二章　年轻的女王　　29

第三章　加冕　　39

第四章　女王的婚姻　　49

第五章　维多利亚和阿尔伯特的第一个十年　　71

第六章　王室家庭　　97

第七章　世纪中叶的变局　　127

第八章　延绵不尽的哀悼　　165

第九章　寡妇女王　　181

第十章　维多利亚的帝国　　191

第十一章　全民的女王　　209

第十二章　登基六十年的女王　　225

第十三章　女王最后的岁月　　231

后记　　239

《马背上的维多利亚女王》，戴维·威尔基（David Wilkie）爵士绘（对页）

维多利亚女王与家庭成员合影,1881年

前 言

维多利亚女王在位 63 年，超过除伊丽莎白二世以外的任何其他英国君主。她在位期间是一个前所未有的变革时期，英国摆脱了以农业、地主阶级为主导的状态，成为一个高度工业化的国家。这场变革的影响遍及全世界。

1837 年，她的叔叔威廉四世（乔治三世的儿子）去世后，18 岁的维多利亚登上王位。当时，墨尔本勋爵（Lord Melbourne）担任首相，议会开始提出一系列重大改革法案，引向议会制民主，使其独立于君权，这种局面持续于女王整个在位时期。工业化顺利进行。随着人们从农村迁往城镇，到作坊和厂房里工作，社会发生巨大变化，不断产生富裕的中产阶层和贫穷的工人阶层。

女王统治时期，大英帝国迅速扩张，殖民地不断建立，而且这些殖民地相互连接，都由英国人管理。帝国是英国的财富和力量的源泉。女王即位伊始，为了维护帝国的疆域，战争和小规模的争斗接连不断。在 1839 年的阿富汗战争中，对印度构成威胁的俄国人在喀布尔被英国人打败。东印度公司积极参与中国的鸦片战争，其结果，是英国 1842 年取得香港的管理权。在 1857 年的兵变中，东印度公司失去了对印度的控制权，王室接管了对印度的治理。1875 年，英国政府取得了刚刚开通的苏伊士运河的大部分股权。乔治三世统治时期开始的向澳大利亚运送罪犯的行动结束，平民开始向这里及其较小的邻国新西兰移民，而加拿大的哈得孙湾公司割让给了英国。在与欧洲邻国的竞争中，英国不留情面地进军非洲，以 19 世纪末爆发的布尔战争结束了这场争端。而在这个世纪的中叶，美国还是一个年轻的国家，正忙于内战，对世界政治和经济影响不大。

维多利亚女王的祖父乔治三世，艾伦·拉姆齐（Allan Ramsay）绘

56 岁时的维多利亚女王（对页）

发明的时代

这也是一个伟大发现和发明的世纪。维多利亚女王自己也从一个前工业时代的少女成长为一个善于使用最新发明成果并与发明者进行交流的统治者。19世纪最惊人的发明是蒸汽机车。1825年，当乔治·斯蒂芬孙（George Stephenson）设计出蒸汽机车并在斯托克顿（Stockton）与达灵顿（Darlington）间运行时，很少有人能预料到它的巨大影响。铁路不仅改变了地貌，还创造了大量的就业机会，而且使托马斯·库克（Thomas Cooke）等人得以组织廉价的度假旅游套餐。陆续建成的圣潘克拉斯（St Pancras）和帕丁顿（Paddington）火车站等伟大建筑，成为新交通方式的光彩荣耀的标志。

伊桑巴德·金德姆·布鲁内尔（Isambard Kingdom Brunel）以其桥梁、铁路和造船业将工程设计水平推向了新的高度。托马斯·库比特（Thomas Cubitt）建造了大规模的房地产项目；赫伯特·明顿（Herbert Minton）委托皮金（Pugin）设计瓷砖，在他位于特伦特河畔斯托克（Stoke-on-Trent）的工厂里制造，并在1851年海德公园的万国工业博览会上展出。新出现的摄影术深受女王喜爱，让她成为英国历史上第一个被图像详细记录的君主。她在人生的最后几年又成为电话的热心用户。

随着新的中产阶层越来越富裕，工人阶层却越来越贫穷。成千上万的人从农村搬到了新兴城镇；19世纪初，只有22%的人口居住在城市；到19世纪末，这一数字已上升至77%。工会和劳工运动的种子是1834年种下的，当时一群被称为"托尔帕德尔受苦者"（Tolpuddle Martyrs）的农业工人因要求改善工作条件而被驱逐到澳大利亚。

由于大规模的住房建设，公共卫生成为一个非常令人关注的问题，全国开展了改善卫生条件的运动。在克里米亚的军队医院做护理工作的弗洛伦斯·南丁格尔（Florence Nightingale），为英国的清洁卫生医院建立起一个范式。查尔斯·达尔文（Charles Darwin）对有关生命起源的成说提出质疑，在教会内部及教会以外引发严肃而愤怒的辩论。查尔斯·狄更斯（Charles Dickens）、夏洛特·勃朗特（Charlotte Bronte）、乔治·艾略特（George Eliot）、伊丽莎白·盖斯凯尔（Elizabeth Gaskell）等作家创造出一种新的、分析性的文学作品，用来

维多利亚女王与阿尔伯特亲王合影于1854年,罗杰·芬顿(Roger Fenton)摄影

描述维多利亚时代英国社会的差距和矛盾。讽刺家和漫画家,如《笨拙》(*Punch*)杂志的乔治·克鲁克山克(George Cruikshank)等,致力于揭发社会中种种谬误或不公正的现象。与此同时,1842年首次出版的《伦敦新闻画报》(*Illustrated London News*)提供了关于国家事务和王室活动的直观记录。

与欧洲的联姻

维多利亚与她的嫡亲表弟、萨克森-科堡的阿尔伯特亲王(Prince Albert

of Saxe-Coburg)的联姻,进一步巩固了英国王室与德国萨克森-科堡王室之间的关系——这让他们的舅舅、比利时国王利奥波德(Leopold)非常高兴。利奥波德通过使者斯托克马男爵(Baron Stockmar)与维多利亚保持密切关系,帮助女王处理国家事务。利奥波德死后,女王的儿女们与欧洲大陆各国王室和贵族结婚,让维多利亚实际上成为欧洲王室的首脑。

女王与阿尔伯特的婚姻因阿尔伯特患伤寒病早逝而终结。这段婚姻的感情基础是爱意、激情、争吵和抑郁的混合体。阿尔伯特是一个受过教育的有文化、有教养的中规中矩的青年。刚结婚时,英国宫廷的轻浮和议会对这桩婚事的敌视让他感到沮丧。维多利亚喜欢听轻音乐、打牌和嬉戏,阅读量不大,而知识渊博的阿尔伯特则希望能接触当时的著名发明家、工程师、实业家和慈善家,并希望参与到国务活动中来。他的最大成就之一是在万国工业博览会的策划和组织中起到主导作用。维多利亚非常喜欢博览会,经常带孩子们去参观游览、购买物品。她一直为阿尔伯特这项工作感到非常自豪。

也许是由于童年时代缺少关爱和感到冷漠,家庭生活对维多利亚和阿尔伯特来说都极为重要。他们发现白金汉宫和温莎城堡的氛围沉闷得让人窒息,于是在怀特岛的奥斯本(Osborne)和苏格兰的巴尔莫勒尔(Balmoral)买下庄园,供家庭使用。

在奥斯本,他们建造了一座意大利风格的别墅,由阿尔伯特亲王和托马斯·库比特设计。从别墅可以俯瞰索伦特岛,在阿尔伯特的想象中,这里可以

维多利亚女王作《苏格兰高地格拉萨尔特盾形山》水彩画

1868年维多利亚女王和约翰·布朗在巴尔莫勒尔(对页)

代表那不勒斯湾，而这栋建筑也受到了他婚前一次意大利之旅的影响。他们在院子里建造了一座瑞士小屋，供九个孩子玩耍。

在苏格兰高地的巴尔莫勒尔，则建起一座德国施洛斯风格的乡间别墅，这让人想起了阿尔伯特亲王童年时在图林根州科堡附近的家园。女王夫妇喜欢躲到巴尔莫勒尔，在本地人约翰·布朗（John Brown）的陪伴下，骑马，或待在山中休闲。这个广为人知的有九个孩子的大家庭生活，成了新兴富裕中产阶层人们追求的理想目标。

维多利亚女王不仅是一位君主，也是一位母亲、祖母和曾祖母。怀孕和分娩对她来说曾是非常艰难的事，因此她对所有女儿和孙女的分娩都给予支持和安慰。她自己也积极倡导变革，在第八个孩子利奥波德（Leopold）出生时，她用氯仿缓解疼痛，因此引发激烈的宗教和医学争论，但却缓解了随后几代女性的分娩痛苦。利奥波德王子的出生，也将血友病这种可怕的疾病带入了家族，由于广泛的联姻，血友病在欧洲王室中蔓延开来。

维多利亚和阿尔伯特对他们的长女维多利亚公主嫁给德国皇帝弗里德里希三世（Frederick Ⅲ）感到高兴。但是，女王对外孙威廉（William），也就是后来成为德国皇帝威廉二世的行为并不满意。女王夫妇的长子、威尔士亲王伯蒂（Bertie）从小就让父母担心，他没有表现出大姐那样的才智，而有一个时期对不检点的女人的偏爱让父母非常痛苦。

女王、女皇和母亲

1861年，女王的至爱阿尔伯特亲王去世，公众对女王的丧夫之痛表示了同情，但这同情并不能持续多久。女王成了隐居者，组织悼念活动，制定并恪守一些悼念阿尔伯特的规矩，并为他树碑立传。然而，公众不会相信阿尔伯特像她描绘的那么好，并就议会为王室开销所拨款项提出质疑，表达愤怒。与以往多次君主制遭到反对一样，这一次是共和派以宪章运动的形式提出反对，获得了支持。

守丧及相关礼制，是19世纪的常见现象。维多利亚女王并不是唯一遭受损失和悲痛的人。许多家庭因婴儿死亡和难产、营养不良（包括爱尔兰灾难性的马铃薯饥荒）、霍乱、伤寒、肺结核和其他疾病而遭受毁灭性打击；还有克里米亚战争、布尔战争，以及其他叛乱造成的伤害和死亡；还有工厂里和铁路上的事故。丧服颇为流行，像考陶尔德（Courtaulds）这样的公司竟可以靠生产黑纱支撑下去。

首相本杰明·迪斯累里（Benjamin Disraeli）的同情心和魅力，加上约翰·布朗的支持和体贴，再次将维多利亚女王推到公众面前。高地生活对维多利亚女王来说仍然特别重要。她会一连几个月流连在巴尔莫勒尔，与约翰·布朗一起骑马，有时会住在庄园偏僻的小木屋里，画高地风景水彩画，写日记。

约翰·布朗死后，女王命令人们将她这个最好的朋友的死讯刊登在《泰晤士报》的宫廷布告栏里。若干年后，布朗的位置被阿卜杜勒·卡里姆（Abdul Karim）取代，他被称为"孟希"（Munshi，意为秘书）。1876年，维多利亚欣然成为印度女皇，并沉迷于异国情调，学习印度语，食用咖喱，甚至在奥斯本建造一间具有浓郁印度风情的接见室（durbar）。与很多前任和后任一样，女王沉迷于印度文化。

1887年，维多利亚女王庆祝登基金禧，1897年庆祝钻石禧，但80岁后她的健康状况不佳。1901年1月22日，女王在奥斯本逝世。尽管对她的去世有心理准备，但全国人民还是为之震惊。英国和世界各地的人们祈祷并写下挽词。

19世纪的英国的经历很不平凡，成为变革与稳定、进步与传统、发明与革命、富裕与贫困的混合体，而维多利亚女王则是这个时代的领导者。对于历史学家来说，她的统治非常独特，不仅因为时间之长史无前例，而且因为记录这个时期的文献数量甚巨。在公开的记录中，人们能看到各项预算、家庭成员名单和金钱支出等。她一生坚持写详细的日记，还写了数百封信，她的秘书查尔斯·格雷维尔（Charles Greville）和亨利·庞森比（Henry Ponsonby）也在日记中记录了不少事件。她的统治时期的丰富多彩对20世纪产生了持久的影响。这位身材娇小、受人庇护的年轻女性当上女王后，以她的名字命名了英国和世界历史上一个迷人而又极为重要的时代。

第一章 亚历山德里娜·维多利亚公主

1819 年，国王乔治三世的孙女亚历山德里娜·维多利亚公主（Alexandrina Victoria）出生之时，英国君主制处于风雨飘摇的状态，王室的形象更多地与放荡的生活、情妇、私生子和疯狂联系在一起，而不是其未来几年将要获得的那种让人追随的模范生活的代表之形象。这个国家已经对君主制感到不满，支持王室雅致和昂贵生活方式的高成本受到质疑，共和运动开始表达异议。议会试图获得独立于君主的地位，并通过改革使英国成为一个充分民主国家。

1815 年，威灵顿公爵（Duke of Wellington）阿瑟·韦尔斯利（Arthur Wellesley）在滑铁卢战胜拿破仑，这给统治阶层和军队带来了极大信心。在欧洲，英国超然物外，它没有法国那样的国内冲突，也没有向邻国扩张领土的要求。对于英国而言，扩张都是在遥远的地方进行的，即在已经存在的帝国中，在美洲、非洲、亚洲和大洋洲的大部分地区开展殖民运动。法国陷入拥护君主者和共和党人之间的血腥骚乱。德国和意大利还没有成为统一国家，而是由许多小公国组成，每个公国都渴望超越其他公国，或者建立强大的联盟。秉持扩张主义的沙皇俄国三直试图向外扩张得更远。建立帝国是许多欧洲国家首脑的重要议题。

尽管英国在世界上享有至高的地位，但其君主家族并非如此。18 世纪 80 年代，乔治三世开始出现明显的疯癫迹象。事实上，他是患了一种叫作卟啉病的代谢疾病。

他和他的妻子梅克伦堡·施特雷利茨的公主夏洛特（Charlotte of Mecklenburg Strelitz）所生的十五个孩子，要么没有生育，要么生育出很多无法继承王位的私生子。乔治三世的儿子们偏爱情妇，尤其是女演员，她们都不适合成为妻子。1810 年，由于国王的疾病无法治愈，而他本人对周围发生的许多事情心不在焉，不得不实行摄政制度，长子威尔士亲王乔治成为摄政王。许多人发现，与多数臣民的生活相比，摄政王奢侈而浮夸的生活方式令人反感。普通劳动者在新建的工厂中从事艰苦的工作，并在肮脏的环境中生活。议会为此感到不安，改革已提上执政党辉格

14 岁的维多利亚公主和她的宠物狗达什，乔治·海特绘（对页）

党的议事日程。在乔治三世树立了榜样之后,议会要求审查宫廷用度清单,那是议会向君主提供的年金。1760 年,议会同意每年支付 80 万英镑的年金,但王室不断扩大的家庭很快用完了津贴,使国王处于不得不定期向议会要求更多补助的弱势地位。

关于王位的继承,王室内部出现了不同意见。另一个汉诺威人布伦瑞克公爵(Duke of Brunswick)、乔治三世的堂兄,成为一个可能的继位者,是一个真实存在的危险。成功解决这个问题的希望寄托在摄政王的婚生女儿夏洛特公主的婚姻上。她嫁给普鲁士那位古怪的萨克森-科堡的利奥波德王子。但是,1817 年 11 月,夏洛特公主分娩时去世,孩子也不保,从摄政王合法传位给他女儿的希望破灭了。乔治三世的第三个儿子克拉伦斯公爵威廉(William, Duke of Clarence)仓促地切断了与他同居二十年、为他生了十个孩子的朵拉·乔丹(Dora Jordan)的联系,迎娶德国公主萨克森·梅宁根的阿德莱德(Adelaide of Saxe Meningen)。他们生育了两个女儿,但都在婴儿期夭折。

与此同时,鳏居的利奥波德王子留在英格兰,为英国酝酿新的计划。他的将萨克森-科堡的小型普鲁士王室建成占主导地位的欧洲王室的决心,将会成为英国君主制存续的重要因素。和利奥波德在一起的是他的医生,克里斯蒂安·斯托克马尔男爵,他是在利奥波德与夏洛特结婚时来到英国的。他在夏洛

1792 年韩南·汉弗里作版画,皇室成员,题为《宣言中所列罪恶:贪婪、酗酒、赌博和淫荡》

特怀孕和分娩期间拒绝提供任何医疗建议,称自己军医的经历不适合担任产科医生。迷恋宫廷生活的他转行成为使者、助手和谈判代表,并在英格兰、比利时和萨克森-科堡为利奥波德工作了五十年。

当利奥波德亲王开始担任王室媒人并将他年轻的寡妇妹妹、萨克森-科堡的维多利亚·莱宁根公主(Princess Victoria Leiningen)介绍给英国王室时,王位危机平息了。维多利亚·莱宁根公主的丈夫去世,留下了两个年幼的孩子,一个是14岁的查尔斯(Charles),另一个是10岁的费奥朵拉(Feodora)。

50岁的单身汉、乔治三世的第四子肯特公爵爱德华(Edward, Duke of Kent),在法国与情妇同居多年,和他的兄弟们一样,喜欢高品位的生活。见到维多利亚·莱宁根公主后,他突然意识到自己可以解决王位继承问题。19岁的年龄差并没有阻止他向她求婚。最初,公主排斥他,但最终,在她哥哥的劝说下,她认可了这门婚事,并于1818年7月11日在科堡的巨人厅与公爵结婚。

未来女王的诞生

婚礼后不久,公爵夫人怀孕。公爵认为孩子应该出生在英国,从而获得明确的继承权。1819年4月,公爵夫人和她的丈夫在一名德国助产士的陪同下,怀着沉重的身孕返回英国。助产士在英国医学界的地位很低,她们在分娩中的重要性被严重低估,但在德国,她们在大学接受教育并与医生一起工作。肯特公爵急于避免重演夏洛特公主分娩的致命后果,聘请了在马尔堡大学接受过培训的助产士雷吉娜·冯·西博尔德(Regina von Siebold)。1819年5月24日,肯特公爵夫人在肯辛顿宫生下了一个健康的女婴。一个仍然渴望男性继承人的宫廷和一个对其王室的古怪行事感到困惑的国家,对肯特公爵夫妇的女儿的出生几乎没有显露出热情。

在伦敦,为新生儿取名颇费周章。由于夏洛特公主的死,夏洛特这个名字显然不合适。她的父母想以肯特公爵夫人的名字称呼她为维多利亚,但孩子的教父之一、俄国沙皇亚历山大一世希望随他的名字叫亚历山大。另一位教父摄政王虽然参加了洗礼,却对新生女婴几乎没有表现出什么热情。1819年6月

新近守寡的肯特公爵夫人和她的女儿,威廉·比奇(William Beechey)爵士 1821 年作

26 日,为了尊重沙皇并且不想与他对抗,这个婴儿在肯辛顿宫以亚历山德里娜·维多利亚公主的名义接受了洗礼。她在整个童年时期都被称为德里娜。

婴儿出生后不久,雷吉娜·冯·西博尔德返回科堡,为肯特公爵夫人的嫂子路易丝公爵夫人接生其儿子、萨克森-科堡的阿尔伯特亲王，她的嫂子嫁的是她的哥哥欧内斯特公爵（Duke Ernest）。肯特公爵享受奢华生活的后果是他负债累累。1819—1820 年冬天，为了节约开支，新家庭前往德文郡的海滨度假胜地锡德茅斯（Sidmouth）度假。在提神醒脑的海风中行走一程后，公爵患了感冒，没有痊愈，几天后死于肺炎。他在遗嘱里指定他的侍从约翰·康罗伊爵士（Sir John Conroy）为他的遗嘱执行人，并向妻子透露了自己的巨额债务。

肯特公爵于 1820 年 1 月 23 日被安葬在温莎。六天后，他的父亲乔治三世去世。摄政王成为乔治四世国王，8 个月大的刚刚失去父亲的德里娜突然成为人们关注的焦点，因为大不列颠、爱尔兰和世界各地的王室的未来似乎都取决于她。除非克拉伦斯公爵和他的妻子再生一个孩子，否则在不久的将来，王位上就将坐着一位女性。

德里娜的童年

肯辛顿宫的生活对第二次丧偶、拉扯着三个孩子的肯特公爵夫人来说并不容易。作为一个德国人，她生活在一个对她怀有敌意的英国大家庭中。她说英语很难掌握，但历史学家伊丽莎白·朗福德（Elizabeth Longford）找到了证据，证明她能说流利的英语——她给人自己英语不好的印象是为了博得同情。

肯特公爵的债务必须得到妥善解决。回到科堡的家的吸引力一定很大，但公爵遗孀有幸，她的哥哥利奥波德王子留在了伦敦。利奥波德想为孩子的王位继承权争取最大的利益。他协助解决了财务问题，并建议他的妹妹不要回到科堡。费奥朵拉的家庭教师露易丝·莱岑（Louise Lehzen）小姐从汉诺威被带来关照德里娜的教育。利奥波德留下来给她当参谋，并介绍了斯托克马尔给肯辛顿宫。他在维多利亚女王的生活和宫廷中的影响是巨大的。约翰·康罗伊爵士，现在负责公爵夫人的财务，也很快会对这个无父家庭的生活产生影响。

年轻的德里娜在童年早期几乎完全被女性包围。德语是她的第一语言，直到三岁才开始说英语。她的母亲和莱岑小姐毫不怀疑自己使命的重要性，决心让小维多利亚为她未来的精彩角色做好准备。她们为此竭尽全力。在这一点上，她们与不赞成她们的乔治四世的不良关系对她们没有任何好处。肯特公爵夫人

11岁的维多利亚公主,理查德·威斯特尔(Richard Westell)作。小图:维多利亚为宫廷教师莱岑小姐作的速写像

一再要求增加她的津贴,她那越来越古怪的哥哥利奥波德王子在宫廷中越来越不受欢迎,年轻公主的日耳曼式成长方式也难以让肯辛顿宫得到白金汉宫的青睐。随着岁月流逝,公爵夫人和国王之间的关系进一步恶化,因为关于她和约翰·康罗伊爵士之间关系的八卦逐渐流传开来,流言开始增长。

在童年早期,维多利亚公主与她的母亲非常亲近。公爵夫人很少让女儿离开她的视线。母女甚至共用一间卧室,直到维多利亚登基之日。也许是因为她的日耳曼教养,或者是因为缺钱,公爵夫人只好节俭地以德国皇室标准来抚养女儿。在童年早期,德里娜有她年长的哥哥查尔斯和姐姐费奥朵拉陪伴。不过，1828年，德里娜9岁时，费奥朵拉结婚并前往德国居住。

除了自己的兄弟姐妹，维多利亚的大部分童年时光都与同龄孩子隔绝，对肯辛顿宫围墙外的事一无所知。王室的排斥也意味着她与王室其他成员几乎没有接触。她的视野被牢牢固定在肯辛顿宫中她的母亲和莱岑小姐身上。成年后，费奥朵拉和维多利亚在肯辛顿宫谈论过童年的荒凉和孤立。1834年，当费奥朵拉带着两个年幼的孩子参观肯辛顿宫时，维多利亚十分高兴，15岁的她喜欢和两个孩子玩耍。

利奥波德舅舅仍然是一位重要的访客。他将自己看作年轻公主的父亲，规划她的未来并继续为自己的妹妹提供建议。他拒绝成为希腊国王的提议，但在1830年新独立的比利时邀请他担任国王时，他接受了，并永远离开了伦敦。约翰·康罗伊爵士很快取代利奥波德担任肯特公爵夫人的顾问，但斯托克马尔男爵仍留在伦敦作为比利时国王的代表，接受指示并为公爵夫人提供建议。在利奥波德的指示下，斯托克马尔还继续频繁访问欧内斯特公爵在科堡的住所，探问利奥波德那两个年幼的侄子的成长情况。

德里娜的教育留给了莱岑小姐照看，她说服她的年轻主顾写日记。这项建议为公主的生活及后来的女王的生活带来了迷人而独特的记录。公主从小就会说三种语言，还学习了美术和歌唱方面的课程，公主还完全有能力成为一名富有竞争力的象棋选手。维多利亚喜欢她的歌唱课，发现这门课是她从宫廷生活的乏味和孤独中解脱出来的好去处。莱岑小姐在为公主准备迎接挑战的角色方

孩童时期维多利亚所写信件

第一章　亚历山德里娜·维多利亚公主

维多利亚公主在皇家歌剧院

面发挥了重要作用。直到 11 岁，维多利亚才知道自己的未来。1830 年，也就是乔治四世去世和他弟弟威廉继位的那一年，莱岑认为现在是让维多利亚知道自己未来命运的时候了。在伯伯威廉四世继位后，德里娜知道自己成为第一顺位继承人，有一天将成为大不列颠和爱尔兰的女王。据说，意识到这一点后，德里娜说："我会很好的。"

也许是因为她与世隔绝，也因为她被成年人包围，维多利亚公主用她收集的 132 个娃娃建立了自己独立的内心世界。每个娃娃都有一个盛大的名字和精美的衣服。它们经常参与公主的奇幻剧。她还有一只叫达什的宠物猎犬，它是约翰·康罗伊爵士送给她母亲的，但被维多利亚收养了。像许多儿童宠物一样，达什是公主的知心朋友。公主经常为它洗澡，梳理毛发并用洋娃娃的服装打扮它，甚至还让埃德温·兰西尔爵士（Sir Edwin Landseer）为它画像——这位爵士为年轻的维多利亚画了许多肖像。公主喜欢骑着马，沿新建的道路穿越海德公园，前往摄政公园——那里 1826 年建成一座新动物园——穿过温布尔登公园和里士满公园。她参观了位于考文特花园的皇家歌剧院，观看了《塞维利亚理发师》和《费德里奥》等歌剧。

她还拜访了全国各地的其他家庭，包括辉格党和托利党，她的母亲认为她应该尽可能不带政治偏见长大。在她即位时，她将自己视为辉格党，部分原因是她的父亲是乔治三世儿子中唯一支持辉格党的，同时还因为辉格党是当时的执政党。

1835 年，全家人在前往拉姆斯盖特（Ramsgate）的途中住在坎特伯雷（Canterbury），在那里，利奥波德舅舅和他的新婚妻子路易丝加入了他们的行列，维多利亚非常崇拜他们。他们住在一个俯瞰大海的小房子里，远处可以看到法国的海岸。利奥波德舅舅和路易丝舅妈住在离阿尔比恩酒店不远的地方。镇上为王室访客举行了欢迎仪式。维多利亚本人很高兴看到离开四年后归来的她父

维多利亚收藏的 132 个玩偶的一部分

亲般的舅舅。维多利亚不仅被舅妈的魅力和友善,而且也被她那优雅精致的巴黎服装和新颖的发型所吸引。一旦她成为女王,并且能够从法国订购自己的衣服,这两样她都会尝试效仿。

萨克森-科堡的两个表兄弟

即使远在他乡,利奥波德舅舅仍然决心影响维多利亚公主的未来和他自己祖国的未来。建立帝国的思想在 19 世纪的许多欧洲领导人中都很流行。俄罗斯不断试图扩大其边界,因此受到其他大国的密切关注。法国充满了内部的血腥冲突,因为它在君主制和拿破仑三世皇帝征服的排他性之间摇摆不定,直到 19 世纪晚些时候再次成为共和国。德国和意大利是几个独立国家的集合,要到 19 世纪末才实现统一。

利奥波德国王与其他的国家元首不同,加强萨克森-科堡家族及其在欧洲的统治地位是他宏伟计划的基础。他不仅深层介入他的外甥女的成长过程,而且也十分关心他的两个没有母亲的侄子——萨克森-科堡的欧内斯特王子和阿尔伯特王子的成长。最近从科堡回来的斯托克马尔报告说,两个男孩中弟弟阿尔伯特是一个聪明但严肃的年轻人。他还说,他对欧内斯特王子的某些性格特征感到忧虑。

利奥波德国王和维多利亚公主定期通信。因此,他提出的让他的两个侄子、

克里斯蒂安·斯托克马尔男爵

维多利亚的舅舅、比利时国王利奥波德

公主的表兄弟访问肯辛顿宫的建议,就顺理成章。毫无疑问,维多利亚还没有注意到舅舅想让其中一位娶她的计划。利奥波德和斯托克马尔一定对这次访问感到焦虑,担心他们的预想不能实现。1836年夏天,萨克森-科堡方面终于来人了,是肯特公爵夫人的兄弟萨克森-科堡公爵欧内斯特叔叔和他的两个儿子,18岁的欧内斯特和16岁的阿尔伯特。维多利亚当时17岁,比阿尔伯特大几个月。男孩的母亲给这个家庭带来了耻辱,不得已抛弃了她的两个孩子。欧内斯特公爵本人是个花花公子,却在发现妻子不忠后大发雷霆,于1824年以妻子与豪斯坦中尉(Lieutenant Haustein)有染而与她离婚。作为和解条件之一,她必须离开她的两个当时年仅五六岁的儿子,以及他们的父亲,这是当时很通行的做法。她伤心欲绝,此后再也没有见过父子三人,于1831年在巴黎去世。

维多利亚不想让这些悲伤的过去妨碍这次访问,因为对她而言,这是她的难得的与同龄人在一起的机会。她的两个表兄弟的外貌和个性给她留下了深刻的印象,使她着迷:

> 欧内斯特有深色的头发、漂亮的黑眼睛和眉毛,但鼻子

和嘴巴不好看；他的脸上有最善良、最诚实、最聪明的表情，身材也很好。阿尔伯特和欧内斯特一样高，但比欧内斯特更结实，他长得非常英俊。他的头发颜色和我的差不多；眼睛又大又蓝，有一个漂亮的鼻子和一张非常甜美的嘴，牙齿漂亮；但是他脸上的魅力在于他的表情，最令人愉快。

维多利亚发现两个表兄弟成熟、理智，举止无可挑剔。他们擅长绘画和弹钢琴。阿尔伯特比欧内斯特更严肃，喜欢谈论严肃而有教育意义的事情，但他和达什玩得也很开心。他们的机智、风趣和活力给公主的家庭带来了前所未有的活力，以至于7月份，他们在这里住了两个月后离开时，公主哭了。斯托克马尔和利奥波德对这次访问的成功感到高兴，他们为如何确保表亲之间未来的友谊这件事上的所有焦虑都消散了。

年轻而时髦的阿尔伯特小像

准 备

随着年龄的增长，公主开始与母亲、约翰·康罗伊爵士、莱岑小姐和客人们共进晚餐。虽然肯辛顿宫的人都在关注她未来的角色，但在保护她不受工业化和国家其他方面的变化的更广泛影响方面做了努力。1825年，乔治·斯蒂芬孙设计的蒸汽机车在一条从斯托克顿到达灵顿的铁轨上运行，而维多利亚公主不得不等到1837年才看到自己的第一列火车。1832年，第一部《改革法案》通过，1833年大英帝国废除了奴隶制，《工厂法案》规定9到12岁的儿童在棉纺厂每天最多工作9小时。公共健康和卫生状况令人震惊，霍乱和伤寒流行，但有关部门正在采取措施改善。托马斯·瓦克利（Thomas Wakley）创办了《柳叶刀》杂志（*The Lancet*），向医生传授如何改进他们的手术，以及如何驱逐盗贼、江湖郎中和糟糕的医生。

为了保护工人不受不择手段的工厂主的侵害，工会主义开始兴起。《人民宪章》引发了1838年在格拉斯哥的宪章运动。帝国和工厂创造财富的结果之一是一个新的、富裕的中产阶级出现，也就是"新中产阶级"的概念。新钱——这是相对于继承来的、通常与地产有关的财富的"老"钱而言——的时代已经到来。

维多利亚长大了，她和母亲之间的关系却越来越紧张。而公爵夫人和宫廷之间的关系也总是紧张的。不过，乔治四世去世后，维多利亚公主设法重建他们之间的关系，她定期拜访新国王威廉四世（William IV）和阿德莱德王后（Queen Adelaide）。这对夫妇把维多利亚当作自己的女儿，越来越喜欢她。到1837年，她经常看望生病的国王，并支持他的妻子。

约翰·康罗伊爵士对母亲和自己的控制让公主烦恼和忧虑，公主因此鄙视他。关于爵士是公爵夫人的情人的谣言更使维多利亚心烦意乱。维多利亚讨厌他的要求，也讨厌他认为没有他的帮助她将无法履行未来职责的推断。公爵夫人和康罗伊爵士甚至曾试图在维多利亚21岁之前建立摄政王制度，以防她即位。毫无疑问，康罗伊对莱岑小姐的角色十分嫉妒，因为莱岑小姐的角色早已超越了家庭教师的地位，而是顾问和朋友，而这正是他本人渴望得到的。到了1837年春天，公众都知道威廉四世的身体每况愈下。利奥波德国王正在完善他对萨克森-科堡庄园的规划，肯特公爵夫人——她的身边有约翰·康罗伊爵士——仍然完全控制着她的女儿。母女之间的关系越来越紧张。对维多利亚来说，等待的游戏已经开始了，她知道自己的学徒生涯即将结束，而且毫无疑问，因为担心自己缺乏经验、知识不足，她决心更加努力，以达到未来工作所要求的标准。

1837年5月24日，维多利亚公主庆祝她的18岁生日。她知道她的叔叔威廉四世的健康状况正迅速恶化。阿尔伯特亲王现在像表姐一样知道利奥波德叔叔对他们俩的未来的计划，于是给她写了一封生日贺信，她回信了。她乘坐马车穿过伦敦的街道，街上挤满了渴望为未来的女王过生日的人们。庆祝舞会在圣詹姆斯宫举行，莱岑小姐、侍女弗洛拉·黑斯廷斯（Flora Hastings）女士和其他家庭成员陪同公主参加。公主喜欢和年龄及地位相当的青年男子跳四对舞,这会让那些当权派高兴,因为他们急于看到她嫁给一个英国人。维多利亚的18岁生日是她从母亲手中独立的重要时刻,因为她从这时起有资格从王室预算中获得自己的那一份。

国王的健康状况不断恶化,公主定期访问白金汉宫,不仅是去看望病床上的国王,还要去安慰阿德莱德王后。她对国王的去世已经做好了充分的准备,对于利奥波德舅舅的建议和斯托克马尔的陪伴,她非常感激。1837年6月19日,她在给利奥波德的信中写道:

威廉四世国王的妻子阿德莱德王后,钢笔和水彩画,戴维·威尔基爵士作,1836年

我亲爱的舅舅:

　　你那封亲切而又可爱的信,内容包括最有益、最审慎、最健全和最出色的忠告,是我们的好朋友、最宝贵的诚实朋友斯托克马尔交给我的。让我告诉你们,有斯托克马尔在这里,我是多么高兴和感激;他过去是,现在也是,对我最有用的,请相信……我完全信任他!

　　国王的状态……是令人绝望的,我为他感到难过;他本人对我一直很好,如果我不记住这一点,我就是忘恩负义,缺乏感情。

　　我心平气和地期待着似乎很快就要发生的事情;我并没有因此而惊慌,不过我认为我自己也不能满足所有的期待。然而,我相信,带着善意、诚实和勇气,我无论如何不会失败。

18岁生日后不到四周,德里娜的生活状态便永远地改变了:英国迎来了自1702年安妮女王即位以后的又一任女王。

第二章　年轻的女王

国王威廉四世于 1837 年 6 月 20 日凌晨去世。因为一直在等待为国王送终，威廉·豪利（William Howley）、坎特伯雷大主教（Archbishop of Canterbury）、宫内大臣（Lord Chamberlain）、考宁安勋爵（Lord Conyngham）和国王的医生都在温莎宫。他们立即前往肯辛顿宫，向年轻的亚历山德里娜·维多利亚公主报告国王的死讯和她的继位事宜。

经过一整夜的跋涉，一行人于凌晨 5 点左右抵达公主的住所。维多利亚的母亲肯特公爵夫人禁止他们与公主见面，因为她认为，即使公主现在已经是女王，她也会和女儿亲密无间，就像以前一样。不过，当天事情的进展并不像她预期的那样。

公爵夫人终于屈从于这批显要客人的要求，叫醒了公主。清晨 6 点，18 岁的德里娜还穿着晨衣，紧握着母亲的手，走下楼梯，接见跪在地上的大主教和宫内大臣。他们宣布她为女王。"德里娜"这个名字成为过去，从现在起，她将被称为维多利亚女王。自从她 11 岁时宣布"我会很好的"以来，她就一直在为这一刻做准备。

为对已故国王表达哀悼，维多利亚女王换上黑色礼服，开始了她长达 63 年的统治，比此前任何一位英国君主在位时间都长。

那天穿的那件丧服，现在收藏在伦敦博物馆，已经褪成了深棕色。据服装史学者凯·斯坦尼兰德（Kay Staniland）研究，有关肯特公爵夫人为节约开支用黑墨水染黑丧服的传言是没有根据的。公爵夫人没有理由

女王登基日很可能穿的是这件服装

1837 年 6 月 20 日，维多利亚公主接到她将要登基的消息，弗雷德里克·舒卡德（Frederic Shuckard）绘（对页）

为她为之准备多年的活动做这样的事。这是一件优雅的及踝连衣裙,剪裁得体,有褶皱的长袖,白色的袖口和从左腰部直到下摆的褶边。这正是那个时期正式场合的典型的服装风格。维多利亚身高不足1.52米,这一点让利奥波德舅舅很失望,但正当少女年龄的女王,身材苗条,腰线明显,与后来的丰满体格大不相同。几个月后,维多利亚女王任命的宫廷画师戴维·威尔基爵士要在登基那天为女王画一幅身着白色礼服的画像。他要求裙子是白色的,而非纯黑,以突出女王在画中的形象。早餐时,女王与斯托克马尔男爵讨论了当天的计划。斯托克马尔男爵最近刚拜见过利奥波德国王,奉命支持她。上午9点刚过,她的首相兼朋友墨尔本勋爵到达,开始处理国家事务。她单独接见了墨尔本,并在日记中记录了这次会面:

当然是独自一人,就像我对所有大臣一样。他吻了我的手,我就告诉他,我早就打算让他和现任内阁其他成员继续管理国家事务,而这一切都由他来总管。然后,

女王第一次出席国务会议,威尔基将女王画成穿着白色服装而非她实际穿的黑色,为的是让她成为画面的焦点

他给我念了一份宣言,是我要在国会上宣读的,那是他亲笔写的,一份非常好的宣言。我非常喜欢他,对他有信心。

维多利亚女王登基日,人们在海德公园致敬,威廉·希思作

首相威廉·兰姆,墨尔本子爵二世(William Lamb, the second Viscount Melbourne),被维多利亚迷住了。时年56岁的墨尔本是一个鳏夫,已经和妻子卡罗琳·庞森比夫人(Caroline Ponsonby)分居了二十多年,原因是妻子的种种不忠行为,最臭名昭著的是与极具魅力的诗人拜伦勋爵(Lord Byron)的暧昧关系。墨尔本外表给人的印象神态轻松,好像是个业余的政治家,但其实非常精明。尽管他是辉格党人,却以反对改革和不容忍贫困而闻名,他认为没有理由改变基本的立法。年轻的女王对他的关注,以及渴望了解自己未来一切的态度,无疑让首相受宠若惊,他把为女王做各个方面的准备、支持和

第二章 年轻的女王 31

年轻的维多利亚女王即位后不久与侍女在一起,阿克曼(Ackerman)作

保护女王视为自己的责任。年轻的君主和年长的政治家之间的亲密关系在接下来的几个月里进一步升温。

女王于上午 11 时 30 分在肯辛顿宫的红色大厅主持了第一次议会会议。她穿着黑色的丧服，在坎伯兰公爵和苏塞克斯公爵（Dukes of Cumberland and Sussex）带领下登上王位，宣誓成为大不列颠和爱尔兰女王。在任何时候，观察者都对她印象深刻：她虽然身材娇小，又年轻，但散发出一种超越年龄的成熟。自信、宁静和独立从她身上发射出来；她自己承认，她从不紧张。尽管她身边的大多数人都对近年来王室带来的不确定性印象深刻，但大家现在感到如释重负，她母亲家族的一些成员甚至被她的自信惊呆了。

在执政的第一天，她抽时间写了几封信。她写信给她的舅舅、比利时国王利奥波德，告诉他威廉四世的死讯。利奥波德确实很高兴，他的外甥女如今是女王了，他的计划已接近实现。她还写信给住在德国的姐姐费奥朵拉和寡居的阿德莱德王后，后者，她以后会前往看望。

阿尔伯特再次写信给她，这次是对国王的去世表示哀悼，并祝贺她的即位。

即使在忙碌和激动的一天结束时，维多利亚女王还挤出时间写日记。莱岑小姐的这种训练的成果，让我们得以对维多利亚成为女王的经历有个独特的观察和理解，因为这是女王本人写的。在日记中，她描述了清晨的访客、当天发生的事情，以及她履行职责的决心：

> 既然上天眷顾把我安排在这个位置上，我将尽我最大的努力来履行我对国家的职责；我很年轻，也许在很多方面（虽然不是所有方面）都缺乏经验，但我相信，很少有人比我更有真诚的意愿和更强烈的意志去做适当的和正确的事情。

第二天，亚历山德里娜·维多利亚公主被宣布为维多利亚女王，这是从圣詹姆斯宫的窗口向国人宣布的。全国各地的教堂（礼拜堂）和犹太教堂都做了布道和祈祷，哀悼已故的国王，欢迎新女王。

女王的家

女王急于巩固自己的地位，很快组建了王室管理团队。让她长舒一口气的是，她现在可以独立于母亲做决断了，她把自己对约翰·康罗伊爵士的看法讲给墨尔本听。她一见到这位爵士就受不了，甚至不能与他待在同一个房间里。谣传女王的母亲肯特公爵夫人是他的情妇。在墨尔本首相的支持下，女王可以在没有约翰·康罗伊爵士在场的情况下约见自己的家人，但她却无法把他从她母亲家中赶出去。康罗伊爵士对自己的靠边站感到愤怒，因为他满以为自己会得到女王私人秘书这个重要职位。

当维多利亚开始享受她的权威时，母女之间的关系变得更加紧张。当维多利亚女王发现，尽管约翰·康罗伊爵士提出了财务建议，她的母亲仍负债7万英镑时，情况进一步恶化。墨尔本首相被这种状况，也被公爵夫人认为她的女儿会帮助她的想法吓坏了。忠诚的支持者、家庭教师和朋友莱岑小姐得到了奖赏，被任命为王室的新侍从，为女王服务。从此以后，她就被称为莱岑女男爵。

根据墨尔本的建议，王室管理人员几乎全部由辉格党或与辉格党议员结婚的女士组成，这一安排激怒了议会中的托利党。一个例外是弗洛拉·黑斯廷斯女士，一个矜持的女人，来自托利党家庭，曾担任过宫廷侍女。维多利亚和她在一起总不自在，因为她怀疑黑斯廷斯是约翰·康罗伊爵士的盟友。戴维·威尔基爵士成为宫廷画家，詹姆斯·克拉克（James Clark）担任宫廷医生。

女王的试衣官也是需要任命的重要职位，国王的长袍办公室已经正式关闭，新办公室成立，需要不同的人员和专业知识。凯·斯坦尼兰德认为，宫廷花了一些时间来适应女王掌权的环境。如今，没有了母亲的干涉，维多利亚可以像其他与她地位相同的年轻女性一样，在时尚界放纵一下自己，尽管只有短暂的一段时间。想起在拉姆斯盖特与时髦的新舅妈路易丝一起度假的情景，她就从巴黎订购了一些衣服。

萨瑟兰公爵夫人成为女袍总管。衣柜女仆被指派照看常服和晚装、内衣、睡衣、制服和骑马服。维多利亚女王的一些衣服来自法国，但她也要求用伦敦东部斯皮塔菲尔德（Spitalfields）的织工们织的丝绸，因为那里的生产遇到了困难。

其他的衣服是由皇家裁缝师贝当斯夫人（Mrs. Bettans）制作的，鞋子则由理查德·冈德里（Richard Gundry）制作。女王在位期间雇用了许多行业和手工业的人员：手套匠、帽匠、帽子制造商、丝绸制造商、紧身胸衣供应商、刺绣师、装潢师、犹太商人、花匠和香水师，所有这些人都为女王的衣橱做出了贡献。此外，还有王室的制造商专门负责议会服饰和加冕服饰。

女王早期的职责之一是在"王室预算"中确定议会应付给她的款项。肯特公爵夫人每年将获得 3 万英镑，女王本人每年将获得 38.5 万英镑，另外还有 6 万英镑来自王室专用金。她还将从兰开斯特和康沃尔公爵领地（Duchies of Lancaster and Cornwall）的收入中受益——不过，到一定时候，康沃尔公爵领地的收入要转给她的长子。

白金汉宫

7 月 13 日，女王和肯特公爵夫人带着她们各自的家庭搬进了白金汉宫。这座宫殿曾是乔治一世的配偶夏洛特王后在伦敦的住宅，由约翰·纳什（John Nash）奉乔治四世之命重建，最终在威廉四世时代完成。维多利亚是第一位住在这里的君主。尽管这座宫殿的建筑工程还没有彻底完成——事实上，直到维多利亚统治的后期才完成——但与肯辛顿宫相比，它显得非常庞大。在这里，维多利亚女王自出生以来第一次有了自己的卧室。她吩咐把她的卧室设在莱岑女男爵卧室的隔壁，并迅速地在隔壁的墙上装了一扇门。

她的母亲原以为她们会继续共用一间卧室，但维多利亚却让她住进了另一套房间。公爵夫人既愤怒又伤感。

维多利亚女王发现白金汉宫一大早就忙得不可开交，但很快她就对乔治四世大规模重建的另一个古老的王室居所温莎城堡感到厌倦。维多利亚发现城堡里气氛压抑，沉闷乏味，晚上长时间的打牌也不合她的口味。

滑铁卢战役的胜利者威灵顿公爵如今是一位年长的政治家，和斯托克马尔一起，在女王统治早期发挥了至关重要的作用，尽管他们都不如墨尔本首相重要。大多数晚上，女王和首相都一起吃饭，友情浓厚。不管宴会多么正式，不管客人是谁，女王和首相总是坐在一起，首相坐在她的左手边。事实上，如果女王看到墨尔本和另一个女人说话，可能就会嫉妒。除了国家事务，利奥波德舅舅的信件，以及她与母亲的关系，维多利亚女王更多地与首相讨论个人问题，包括她的身材和穿着。她不到 1.52 米高，胃口很好，体重很容易增加，看上去相当矮胖。她的一生中多次尝试节食，但对食物的爱好最终占了上风。他们还讨论了婚姻问题。女王告诉首相，她没有结婚的打算，她嫁给了她的工作。

很快，宫廷和王室对这种亲密关系感到不安，许多人也感到不快。枢密院书记员兼起居日志作者查尔斯·格雷维尔（Charles Greville）报告说，他们每天至少有 6 个小时在一起密谈。这位单身汉与女王在一起比他同任何其他人在一起度过的时间都要长。格雷维尔还指出："威灵顿公爵（几乎是一位祖父级顾问）本来也认为墨尔本应该每天拜见女王，讨论国家事务，但就连他也不赞成两人待在一起时间太长，关系太过亲密。"关于新王室，以及女王与首相的关系的流言传到了公众的耳中，有人画了讽刺漫画发表。"墨尔本夫人"这个头衔，最初是由愤怒的托利党人嘟囔出来的，随后就成了大众的口头语。

"内阁授课"，墨尔本首相在向女王提出建议，1840 年

利奥波德舅舅的影响，经常通过斯托克马尔传达给女王，但并不总是让墨尔本满意。慢慢地，维多利亚意识到自己对舅舅利奥波德的影响既不喜欢也不需要，于是开始试图独立于舅舅行事。维多利亚很早就意识到她作为国家元首的身份要求她在与议会打交道时要谨慎行事。不像比利时的利奥波德国王和其他欧洲君主，她的角色，按议会要求，正在变成立宪君主。议会正逐渐变得对选民负责，而不顾及君主的一时兴起。在她统治的早期，她和议会都需要学习如何互相适应。在英国国内，人们对这位年轻的女王表现出极大的兴趣，并希望她能比她的前任表现得更好。

维多利亚女王的御车通过剧场和凯旋拱门到达布莱顿亭,G.B. 坎皮庸(G. B. Campion)绘

10月,宫廷继续向布莱顿(Brighton)进发,那里已成为乔治四世在摄政期间光顾的时尚海滨度假胜地。1815年,他委托伦敦摄政公园富丽堂皇的古典露台的建筑师约翰·纳什为他翻新了一座亭子。女王驻跸在亭子里,但很不喜欢其浮艳和奢华的东方式设计。

维多利亚担任新角色的第一年忙得不亦乐乎。每一天都充满了会议、接待、文书、讨论和新发现。来自世界各地的政要都受到了接待,她与大臣和枢密院举行了会议,军队接受了检阅,她还必须了解议会的运作情况,以及她加冕典礼的准备工作。她说这是幸福的一年,是她经历过的最幸福的一年。人们发现她勤奋而有礼貌,考虑到她年轻和缺乏经验,对她处理事务的能力尤其感到惊讶。一年间,一个不成熟的、受人照顾的18岁女孩变成了一个让人尊敬的成年人。

第三章 加冕

1838年5月24日，维多利亚女王庆祝了她的19岁生日，此时距她的加冕典礼还有四周。她在日记中描述了过去一年的快乐时光，特别感激能得到墨尔本首相这个朋友：

……我对去年以来得到的一位真实的、忠诚的、诚恳的、善良的（朋友）感激不尽，真的前所未有，他就是我那卓越的墨尔本勋爵，他对我非常好……

白金汉宫举行了盛大的国宴来庆祝女王的生日。令维多利亚失望的是，墨尔本首相拒绝与她跳舞，而是选择早早回家。舞厅里挤满了客人，许多来自国外。上流社会的年轻人和年轻的女王跳四对舞。72对舞伴组成的大舞队跳起英国乡村舞，每组持续一个小时。女王活力满满，跳了一整夜，凌晨4点离开，黎明时分才上床睡觉。

墨尔本首相认为为维多利亚女王加冕做准备是他的职责。君主的加冕礼标志着女王正式接受该称号所赋予的职责。在英国，加冕仪式可以追溯到公元8世纪，其在威斯敏斯特教堂举行已经超过900年。仪式因适应不同君王的情况而发展，但其有些阶段的一些方面有所变化，如认可、首次请求、长献词、圣餐、布道、誓言、膏沐、马刺、献剑、投幔、冕冠上的金球、戒指、权杖、加冕、圣经、祝福和赞美诗、致敬和圣礼，都是植根于传统的，具有悠久历史的，富有象征意义的。维多利亚女王加冕典礼方案引发了广泛的争论，因为尽管程序既定，但现代女王加冕礼并没有先例。国王应该在公众面前脱掉衣服，但让一个年轻女子在这样的场合做如此涉及隐私的动作显然不合适。最终的决定是，将圣爱德华教堂作为女王的浴袍室。

仪式的形式和时长都要考虑在内。诺福克公爵（Duke of Norfolk）要准备一份来宾名单。准备工作还包括印制请柬，授予荣誉，设计长袍和其他服装，将大小合适的王冠和戒

1838年女王加冕像，乔治·海特绘（对页）

加冕典礼队伍通过特拉法尔加广场，1838年6月28日

指准备好，组织宴会。政府将支付费用，而财政部门坚持要顾及成本。1821年，乔治四世引入的奢华的典礼活动，包括马戏表演，被认为昂贵且令人厌恶，与时代精神不符。这次的典礼将是一个更为低调的活动。

与现代王室活动不同，维多利亚女王加冕礼的彩排被压缩到最低限度。典礼前一天，她与兰斯顿夫人（Lady Lansdowne）、巴勒姆夫人（Lady Barham）、科宁厄姆勋爵（Lord Conyngham）和威姆斯上校（Colonel Wemyss）一道参观了威斯敏斯特教堂，视察了典礼准备工作进展情况。在宫殿和威斯敏斯特教堂之间的加冕典礼游行应该更容易让公众参与，以便让他们能看到年轻的女王，这是第一次这么做。人们已经开始在街上排队了。墨尔本首相在大教堂迎接女王一行。维多利亚试了两个不同的王座，觉得都太低。随后在教堂里走了一圈。不过，她对第二天的典礼感到放心和自信。她后来写道：

> 在公园里，人们为集会做准备，升起了气球。一切都改变了，成了炮兵的营地，他们的白色帐篷营造出一个非常漂亮的效果。

Vivat Regina（女王万岁）!

1838年6月28日星期四凌晨3点17分，女王被礼炮声唤醒，21响礼炮宣布她的加冕日到来。游客们已经聚集在格林公园了。《泰晤士报》做了如下报道：

> 整个城市被唤醒，呈现出一种前所未有的喧闹和兴奋景象。4点钟，街上已经挤满了马车和行人，许多地方都无法通行，所有的人似乎都涌向了公园和威斯敏斯特教堂的方向。6点钟，格林公园、林场和圣詹姆斯公园的围场里就挤满了各行各业的人。甚至有人从凌晨就开始抢占位置。

与此同时，女王也正忙着准备。她只吃了简单的早餐，就穿上丝袜和白色缎子舞鞋，又穿上一件金色和白色缎子织锦连衣裙，外面裹上一件厚重的上衣，那是一件为出席议会会议而穿的礼袍，10点钟，她为登上从白金汉宫驶往威斯敏斯特教堂西门的豪华马车做好了准备。

队伍相当庞大，包括号手、一个卫兵中队和来自墨西哥、葡萄牙、瑞典、萨克森、汉诺威、希腊、撒丁岛、西班牙、美国、荷兰、巴西、巴伐利亚、丹麦、比利时、普鲁士、奥地利和土耳其的大使和代表的马车。斯特罗加诺夫伯爵（Count Stroganoff）代表俄国，苏尔特元帅（Marshal Soult）代表法国国王。肯特公爵夫人和她的随从们坐在一辆由六匹马拉的车上，有卫队护送，剑桥公爵夫妇和格洛斯特公爵夫妇也乘坐类似的马车。萨克森-科堡的欧内斯特公爵出席了，不过，他的儿子们没有陪同，因为维多利亚女王故意没有邀请他们，为了防止引起任何关于她的婚姻的猜测。最后面是11辆马车，每辆配六匹马，载着女王的家人，接着是皇家骑士团，最后，在萨瑟兰公爵夫人和阿尔比马尔伯爵（Earl of Albemarle）的陪同下，女王乘坐的马车抵达。这辆漂亮的马车由八匹乳白色的马和八位健壮的马夫牵引。每个车轮旁都有一个卫队士兵。轿厢门旁有两个仆

女王加冕纪念杯

第三章 加冕

在威斯敏斯特教堂举行的维多利亚女王加冕典礼

维多利亚女王加冕礼服像,查尔斯·罗伯特·莱斯利(Charles Robert Leslie)绘

人跟随。康伯米尔子爵(Viscount Combermere)、金杖队和伊尔切斯特伯爵(Earl of Ilchester)、自卫军队长在两边骑行。在他们后面,骑在马上的是苏格兰皇家弓箭手和银杖队的总司令理查森上校(Colonel Richardson),后面跟着一个卫兵中队。

这一壮观的、漫长的、色彩斑斓的游行队伍并没有走从白金汉宫到大教堂的最直接的路线,而是走了一条更长的路线,这条路线被设计出来是为了让尽可能多的观众能看到这个场景。离开宫殿后,队伍向左,拐上宪法山,沿着皮卡迪利(Piccadilly)大街来到圣詹姆斯街、蓓尔美尔(Pall Mall)街、考克斯布尔(Cockspur)街、查令十字街、怀特霍尔(Whitehall)街、议会街和教堂西门。全程整整花了一个小时。

当队伍到达威斯敏斯特大教堂时,里面已经挤满了受邀的客人。贵族们被要求穿长袍,而他们的妻子则必须穿没有羽毛、垂饰或裙摆的宫廷礼服。其他人必须穿着全套宫廷服装或制服。任何人都不允许穿黑色丧服。当维多利亚女王的小雕像入场时,女士们奢华的珠宝和贵族们的王冠闪闪发光。贵族们手持古老的加冕王冠迎接她,主教们手持圣餐盘、圣杯和《圣经》,将排成一队前往耳堂。

当看到教长和教区牧师加入游行队伍,带领这位19岁的年轻女人穿过中殿来到耳堂,所有人都痴狂了。耳堂的台子上摆放着宝座和椅子。肯特公爵夫人、查尔斯、费奥朵拉和莱岑女男爵在上方低头看着她,唱诗班在唱歌,管弦乐队在演奏，仪式在坎特伯雷大主教的带领下继续进行。

宣誓仪式结束后，女王退到圣爱德华礼拜堂，脱下圣女服和披风。如果她是男性国王，这两件事会在全体人员的注视下完成。为简朴起见，圣爱德华礼拜堂也被改成了更衣室。不幸的是，没有人想到应该做个清扫，以至于女王看见了散落在圣坛上的三明治和饮料。脱衣仪式意味着君主不再是一个世俗的存在，通常在这时，要在他的胸部涂油。但是，也是出于简朴，这个仪式被取消。与其相反，维多利亚穿着特别为她设计的华丽的金色外衣在教堂的主体部分再次出现。超级束腰外衣的穿戴可以追溯到中世纪，不过为维多利亚女王设计的那件更类似于学院礼服。

《宫廷日志》详细地描述了活动的日程和应该发生的事情。不幸的是，由于排练不足，场面有时显得混乱。有时，大教堂的会众忘记站起来或高呼"上帝保佑女王"。通常，女王不知道该做什么，因为除了大主教，没有人知道细节，而这些细节对仪式的成功至关重要。仪式要求她从一个座位转移到另一个座位，从祭坛转移到小教堂，以便完成不同的项目。有时，维多利亚不知道自己该去哪里，以致坐错或站错了位置，一个上了年纪的贵族想跪在她脚边时摔倒了，还有一些人歪戴着帽子站着。尽管大主教是在场的唯一知道该做什么的人，但就是他也出了错，墨尔本首相不得不临时提供指导。

维多利亚坐在圣爱德华礼拜堂的椅子上，等待着仪式最重要的部分。

骑士们为她戴上金色华盖，大主教为她的额头涂油。随后，她穿上达尔马提卡（dalmatica，也称作帝王披风），这是一件金色的布袍，上面绣着蓟和百合。接下来是坐上王座，戴上王冠。

她佩戴的每一件物品都具有重大的历史象征意义。马刺可追溯到1660年，象征着骑士身份和骑士精神。一把由3000多颗宝石镶嵌的供奉之剑，是为1820年乔治四世加冕而制作的，在被放在君主手中之前，放置在圣坛上。象征着真诚和智慧的手镯状盔甲被戴在女王的手腕上，基督教的象征——君主是英国教会的领袖——圆球被放在她的右手里。

把加冕戒指戴在她手上成了问题。这枚戒指是为小

王冠

指特制的，以体现尊严。因为前任国王威廉四世的小指太粗，大主教努力将它推到维多利亚的第三根手指上，这让她感到很疼，后来把它取下来时很是艰难。最后，权杖被放在她戴着手套的手上，一根有十字架，另一根有鸽子造型，象征着她的灵性。

把王冠戴在女王头上很成功，尽管她本人觉得王冠非常重。当大主教将王冠戴在她头上时，会众高呼"上帝保佑女王"，号角响起，贵族们挥舞着他们的帽子，远处可以听到礼炮声。唱诗班唱的是《女王将快乐欢欣》。

仪式接近尾声，离开典礼和教堂时，女王换下冕冠，戴上了豪华的帝国皇冠。冠冕都极其宝贵，也很沉重，这一个重约1千克，金框上镶嵌了近3000颗钻石、17颗蓝宝石、11颗绿宝石、5颗红宝石和273颗珍珠，由一圈貂皮垫在顶部。仪仗队走上中殿，穿过西门，来到等候的人群面前。新加冕的女王登上了皇家马车返回白金汉宫。观众们沿途站立，他们的高涨情绪让女王很高兴。

总是很讲究实际的查尔斯·格雷维尔后来写道："……游行仪式的效果因太拥挤而被破坏了。演员在各自的角色上都很不完美，忽视了排练。"从那时起，所有的王室仪式都进行详细的彩排。即使财政部门将维多利亚女王的加冕典礼定性为"低调"，它也仍然算是一场盛大的庆典，成千上万的人在大教堂和街道两旁观看。

回到白金汉宫，女王与墨尔本首相及自己的家人举行了更多的庆祝活动和晚宴。尽管遇到了些许麻烦，一直情绪亢奋的墨尔本首相认为这一天的活动非常成功。在一大早出发和漫长的一天之后，女王虽然已经筋疲力尽，但她还是在午夜到她母亲房间的阳台上观看格林公园灿烂的烟花。随后，她抽出时间写了一篇很长的日记，详细描述了她在这非凡的一天里对加冕的感受。

宫　廷

维多利亚女王最享受她成为女王的第一年。到1838年12月，她开始厌倦宫廷生活，尤其是温莎的生活，觉得没有什么乐趣和刺激。王室的常客查尔斯·格雷维尔毫无顾忌地记录下了自己对维多利亚女王宫廷的观察：

女王姿态自然,情绪也好,快快乐乐的。但她毕竟是女王,社交习惯和谈话的语气必须规范,而在这方面她还太年轻,没有经验。温莎完全不同于其他任何地方。英国乡村住宅所应有的宜人之处,这里一点儿也没有。这里没有客人聚集的地方,没有想坐就坐、想聊就聊的氛围,城堡里有一个台球桌,但在偏僻角落里放着;有一个藏书丰富的图书馆,但却很难进入,房间里也不太暖和,只成了图书管理员的领地;有两个早餐室,但一顿饭结束,所有的人就都散去,直等到下一顿饭才能相聚。

年轻的女王很好地应对了登基的前18个月,应对这段时间给她的生活带来的巨大变化。可能是由于她的年轻和封闭的童年,她缺乏一个有经验的女主人那种让客人感到舒适的能力。宫廷生活也意味着她要一直和有权威的人在一起,即使得到快乐,也难免有时显露出无聊的面容,更表现为头疼和脾气暴躁。偶尔,她甚至待在自己的房间里,不去吃晚饭。

年轻的维多利亚女王,弗朗茨·温特哈尔特(Franz Winterhalter)绘

第四章　女王的婚姻

维多利亚作为乔治三世的孙女和唯一合法继承人，继两位伯伯乔治四世和威廉四世不稳定的统治之后，登上了王位。还不到 20 岁的她很快就证明，她不像某些人所希望的那样，是一个任人摆布的天真少女。她成熟了，成为一个果断而又善于外交的统治者。维多利亚不仅是一个庞大帝国的母亲，还拥有自己的大家庭。1839 年，她与萨克森－科堡的阿尔伯特结婚，这对夫妇建立了维多利亚大家庭生活的样板。九个子女陆续与欧洲王室通婚，确保了维多利亚对整个欧洲大陆持久且延续的影响力。在她统治的前二十年里，阿尔伯特对她建立信心至关重要，他们之间的关系充满了激情，并相互忠诚。当 1861 年，阿尔伯特被当时众多致命疾病之一的伤寒夺走生命时，维多利亚对他的哀悼，与生前对他的爱一样强烈。

阿尔伯特的死使维多利亚陷入了悲哀的深渊，在这期间，共和主义者的事业接近了目标，君主制的未来似乎岌岌可危。然而，在时任首相本杰明·迪斯累里和她的苏格兰高地仆人约翰·布朗的帮助下，维多利亚女王重新振作起来，巩固了统治地位，并为自己登基的金禧和钻石禧举办了庆祝活动，同时成为被她的帝国征服的印度的女皇。她以 81 岁的高龄逝去，举世哀悼。

尽管出现一些混乱，但有关登基的争议成为历史，女王的加冕典礼也顺利完成。不过，还有一桩个人生活问题没有解决，那就是婚姻。

早先，与墨尔本讨论这个问题时，维多利亚坚定地否定了结婚的可能性，表示她的君主之位将是她的全职工作。毕竟，她的生活发生了重大变化，从一个不成熟的天真女孩，变成了一个强国的君王、地球上最大帝国的首脑——这一切都在 12 个月的时间里发生。此时，维多利亚女王还不满 20 岁。

然而，1839 年，利奥波德国王并没有放弃他的计划，肯特公爵夫人和他们的兄弟萨克森－科堡亲王欧内斯特表示支持，这方面，他们不会给女王任何迟疑的机会。英国系亲属这一面也不会让这个议题搁置下去。为了避免又一桩与德国人的联姻，英国亲属有意把女王的表弟剑桥公爵等合乎标准的年轻人推出来让她挑选。为一

为女王和阿尔伯特创作的波尔卡曲谱的插图（对页）

个女人、世界上最有权势的女人寻找合适的伴侣确非易事。找一个愿意顺从妻子的男人，几乎是不可能的。

也许因为来自四面八方的无休止的干扰，也许因为高高在上的地位使她感到了孤独，女王终于松口，同意与表弟阿尔伯特再次见面。两人都知道了利奥波德舅舅对他们的结合制订的计划。自然，她也与墨尔本首相讨论了这门婚事。墨尔本首相不确定这样的联姻是否合适，因为联姻这种事，取决于从什么角度去考虑。墨尔本担心，讲德语的阿尔伯特可能会站在他的姑妈肯特公爵夫人和康罗伊一边，与维多利亚作对，从而削弱她的地位。

还有俄国的问题。与俄罗斯打交道是一项长期任务，因为沙皇尼古拉（Nicolas）一直在努力扩展疆域，最近又入侵了阿富汗。沙皇不喜欢科堡家族，墨尔本首相也不希望英国卷入欧洲大陆的争端。墨尔本担心议会视其为德国人对英国进一步施加影响而反对联姻计划，墨尔本以其父爱般的关怀，从自己的灾难性婚姻经历中吸取经验，同时也担心维多利亚是否已经成熟到适合结婚，因此觉得此事不可急于求成。当女王犹豫不决并决定等待时，墨尔本很高兴。然而，他的喜悦是短暂的，几个星期后，当女王通过邀请表弟阿尔伯特到访来解决这个问题时，墨尔本感到被冷落了，他因为失去女王的关注而有些嫉妒。

丑闻与危机

在阿尔伯特到访之前，王室发生的两件事最大程度考验了女王的意志，也让她与民众和议会的关系受到了影响，因为她发现政府改革其与君主关系的意图十分强烈。王位的蜜月期结束了。

第一件事与长期担任女王侍女的弗洛拉·黑斯廷斯夫人有关。维多利亚长期以来不信任这位来自托利党家族的虔诚而端庄的年轻女子，认为她是约翰·康罗伊爵士阵营派来的间谍。1839年春天，弗洛拉夫人的胃部出现明显肿胀，她时常抱怨疼痛。闲言碎语立即出现了，女王和墨尔本也都乐滋滋地传播这些流言。尽管弗洛拉夫人提出了抗议，但人们仍然推测，这位未婚的、信奉宗教的女人一定是怀孕了，孩子很可能是约翰·康罗伊爵士的。康罗伊爵士长期以来一直被认为与肯特公爵夫人有婚外情。维多利亚女王对康罗伊爵士的极大反

罗伯特·皮尔首相为女王阅读文件，威尔基爵士绘

感，无疑影响了她的判断。尽管她自己的医生詹姆斯·克拉克爵士被派去给弗洛拉夫人做了检查，没有发现任何怀孕迹象，但女王仍然相信怀孕之说。王室的流言蜚语公开了，黑斯廷斯家族公布了医生的检查结果，试图为弗洛拉夫人辩白，同时也回击他们认为的流言蜚语的始作俑者辉格派女王和首相。大众媒体是很喜欢这些"八卦"的："墨尔本夫人"有麻烦了。出于威灵顿公爵的压力，约翰·康罗伊爵士于6月辞职，去了爱尔兰，这让女王松了一口气。

弗洛拉夫人的肿胀虽然消退，但病情仍然非常严重。她于7月间去世，尸检时发现她的肝脏上长了一个肿瘤。虽然女王在公众中的声誉受到了严重损害，人们对她刻薄待人的做法感到震惊，但康罗伊的离开至少意味着女王母女之间的关系可以重新拉近。后来发现，康罗伊作为肯特公爵夫人的财务主管，有滥用权力的行为，数千英镑属于公爵夫人的钱款从未打入她的账户。维多利亚女王对此十分反感。

第二件在王室引起重大危机的事件与政府有关。墨尔本首相领导的辉格党政府在1837年的大选中丢掉不少选票，遭到严重削弱。大部分选民，即当时

维多利亚女王与威灵顿公爵一起视察军队，兰西尔绘

的成年男性人口中的一小部分，显然不赞成辉格党的选举改革方案，他们也不满意政府对爱尔兰和罗马天主教解放运动的态度。在经历了辉煌的繁荣时期之后，英国经济的衰退也开始了。

首相和女王继续保持亲密关系也削弱了墨尔本政府。墨尔本眼睁睁地看着自己在议会中的多数席位逐渐消失。到1839年，维多利亚女王对可能失去这位首相越来越焦虑。最终，这一年的5月，弗洛拉·黑斯廷斯丑闻满天飞的时候，墨尔本首相辞职。维多利亚女王为失去她最好的朋友而哭泣，她对新任首相罗伯特·皮尔爵士（Sir Robert Peel）瞬间产生反感，不仅因为他是托利党人，还因为他残忍地把她的朋友挤走了。

皮尔爵士和女王的第一次会面在冰冷的气氛中进行，双方互不喜欢。罗伯特·皮尔爵士是一个新式的保守党人。他不是来自旧式的保守党地主阶级，而是来自贸易和制造业的新兴富裕中产阶级，他的父亲曾在制棉业上赚了一大笔钱。作为一个年轻的国会议员，皮尔改革了刑法，建立了第一支穿制服的警察部队——大都会警察，俗称"皮尔帮"。他对辉格党改革的不信任，让他成为许多右翼传统保守党人心目中的领袖。

因为经验不足，天真幼稚，维多利亚女王曾声称英国王室应该永远是辉格派，这让她对托利党的憎恨声名远播。年长的政治家威灵顿公爵试图调解女王和皮尔首相之间的关系，当女王违反宪法，要求他出任首相时，他拒绝了，并对女王的幼稚感到震惊。女王心烦意乱，吃不下饭，一切都不顺利。莱岑女男爵前来救驾，支持孤独的女王。

女王和首相的第二次会面更糟糕。皮尔这个时候请求会面，是为了讨论王室成员问题。女王接到墨尔本的报告，做了准备。以往，为了避免政治冲突，王室工作人员都是随着新政府的更换而更换。这时政府内阁主要由辉格党人组成。皮尔自然希望任命一些托利党人，但女王像一个愤怒的孩子一样，拒绝接受。她不明白妇女如何能通过她们的丈夫对议会造成损害。

这消息从宫内传给了新闻界和公众，对女王伤害很大。不仅在嫉妒她的财富的工人阶级当中，而且在上层阶级中，她是否适合做君主的问题被提出来。当她乘着马车经过阿斯科特（Ascot）赛马场时，她听到了反对她的嘘声。

5月10日，为了拯救女王，墨尔本在议会上就"寝宫女眷危机"发表了演讲。

他对女王的困境做了如此有效的补救,以至于赢得了足够多的国会议员的支持,从而击败皮尔,重任首相,女王十分高兴。当天晚上,她在白金汉宫为从俄国来的查雷维奇·亚历山大（Tsarevitch Alexander）举办了一个盛大的舞会。她知道有人想介绍这位男士做自己的丈夫,但她对他并不感兴趣。自寝宫危机后,王室就再也没有出现过因政府更迭而更换王室人员的情况。

年轻的女王已经厌倦了宫廷生活,再加上弗洛拉·黑斯廷斯丑闻和"寝宫女眷危机"的打击,她开始承受情绪上和身体上的压力,体重增加,且由于身高不足,难以承受,于是只好努力节食,少喝啤酒,甚至不吃饭。当不得不增大衣服尺寸的时候,她更惊慌失措。头发的颜色也让她不高兴。她白天尽可能推迟洗澡和刷牙的时间,并抱怨说头疼和身体不适。

女王可能得了抑郁症,这让宫廷里的人胆战心惊。她毕竟是疯癫国王乔治三世的孙女,所以王室里人们都在小心翼翼地观察,看她身上有没有遗传性精神病的迹象。她在位期间,一有抑郁倾向,就会被人拿来和她的祖父做比较。现代人对乔治三世病例的诊断表明,他患的是卟啉病,即一种血红蛋白疾病。好在这段时期,女王在骑马中得到了慰藉,尤其是骑在她的马驹"科玛斯"的背上。伟大的艺术家兰西尔（Landseer）为她画了一幅骑在这匹马上的肖像。从波特兰广场到汉普斯特德高地（Hampstead Heath）或向南到里士满公园、温布尔登公地（Wimbledon Common）的骑行,给她带来一种美妙的自由感。

萨克森-科堡的阿尔伯特亲王

这年夏天,婚姻问题显然到了必须面对并解决的时候。维多利亚的英国亲属对家族中可能出现更多德国的影响感到不满,因而不赞成即将实现的来自萨克森-科堡表兄弟们的访问。他们知道这样做还会引起议会的愤怒和民众的疑虑。维多利亚自己也拿不定主意,意识到不能对她的表弟阿尔伯特做出任何承诺,因为在这个阶段,她喜欢阿尔伯特,是将他作为朋友而不是可能的恋人。

在劝说利奥波德尽可能地推迟访问后,女王最终同意两位表兄弟于1839年秋前来英国。阿尔伯特叔侄成长的地方——罗森瑙城堡（Schloss Rosenau）矗立在科堡小城外图林根州的林荫山中,像一座童话故事中的城堡。斯坦利·温

从阿尔伯特亲王出生地罗森瑙城堡的房间向外看到的风景,威廉·卡洛(William Callow)绘

特劳布(Stanley Weintraub)在其所著的《阿尔伯特亲王传记》中,把阿尔伯特在罗森瑙的童年生活同格林兄弟出版的童话故事相比,并把科堡想象成了类似小人国的存在。两兄弟的父亲欧内斯特公爵与妻子离婚后,更愿意把精力放在女人、射箭和打猎上,对儿子们几乎不怎么关心。

离婚在19世纪很少见。夫妇离婚,孩子的监护权自动归父亲所有,不管谁是婚姻破裂的过错方,也不问孩子们的意愿。小布莱希特(阿尔伯特小时候被这样称呼)童年时期与母亲关系非常密切。甚至有人认为他是私生子,父亲是个犹太人,因为他的长相和性格都不像他的父亲或兄弟。阿尔伯特始终相信母亲对他的爱,尽管像许多孩子面对这种不安的情绪时一样,他装出一副勇敢的面孔以作掩饰,不过,他始终没有从父母离婚的创伤中恢复过来。1831年,阿尔伯特的母亲在巴黎去世,年仅31岁,离婚后再没见到过她的两个儿子。欧内斯特公爵1832年再婚,但这次婚姻也不成功。偶尔去看望祖母,成了孩子们小时候接触女性的唯一机会。成年后,阿尔伯特否认自己的童年是不快乐的,反而以后见之明,带着温情和兴奋回忆童年生活。

德国王子们的教育比他们的英国表兄弟更正规也更有条理。欧内斯特公爵聘请了斯托克马尔男爵的朋友克里斯托夫·弗洛舒茨(Christoph Florschütz)担任家庭教师,监督孩子们的学习。他们的母语是德语,并学习法语、英语、拉丁语、数学和科学。兄弟俩热爱户外活动,在树林和溪流中玩耍,收集岩石样本,研究地质学。阿尔伯特从体形上看,瘦小羸弱,经常生病,但从3岁起,他的智力就远超他的哥哥,而他哥哥的性格更像他们的父亲。

利奥波德叔叔,即便在伦敦和布鲁塞尔居住期间,也非常关心两个孩子的成长,视如己出。斯托克马尔经常向他汇报孩子们的进步。两个男孩于1832年访问布鲁塞尔这个有10万人口的城市,发现一个他们从未体验过的繁华之地。欧内斯特作为他父亲欧内斯特公爵的继承人已成定局,但阿尔伯特的前途成了一个问题。他智力水平高,好奇心很强,这意味着他会嫌公爵府的生活无聊。他是一个虔诚的福音派基督徒,因此他不可能与罗马天主教徒结婚。1836 年,在柏林、德累斯顿、布拉格和维也纳等地的亲戚带着两个男孩游览,阿尔伯特觉得很无趣,弗洛舒茨和斯托克马尔建议阿尔伯特去德国波恩读书。大约在这个时候,他得知自己有可能与表姐维多利亚公主结婚,他和欧内斯特在 1836 年夏天拜访过她。斯托克马尔和利奥波德都认为,两兄弟比较,阿尔伯特是更合适的人选,有可能成为女王的丈夫。斯托克马尔还说,对阿尔伯特来说,只有能让他的智力得到发挥的婚姻关系才是合适的。

在维多利亚对婚姻问题采取拖延办法的时候,利奥波德鼓励阿尔伯特暂时沉下心来,抓紧时间在波恩读书。阿尔伯特学习了艺术、法律、政治和经济。他喜欢哲学、德国文学和古典主义。此外,他广泛参观博物馆和美术馆,并在斯托克马尔的陪同下,再次去了意大利。他被威尼斯和米兰的艺术和建筑迷住了。这种经历与英国王室成员的学习生涯迥异。波恩和意大利的经历对他今后在英国的成就和成为一个有教养的欧洲知识分子至关重要。

求 婚

维多利亚终于同意萨克森-科堡的两个表兄弟 1839 年秋天来拜访她,让利奥波德和斯托克马尔非常高兴。他们很担心女王会喜欢欧内斯特,因为欧内斯特是在巴黎和柏林的那些秘密场所开始成年生活的,肯定不是合适的人选——他更像他的父亲;而阿尔伯特却拥有他们母亲的许多优点。阿尔伯特对利奥波德的计划也满腹狐疑,他对得到的有关表姐的信息并不满意。有人说,女王不喜欢大自然,与墨尔本首相关系微妙,对宫廷生活感到厌烦,

1838 年女王接待阿尔伯特访问伦敦,为客人弹钢琴,一旁观看的是肯特公爵夫人、苏塞克斯公爵和达什,石版画,菲利亚斯作

这些都让他很担心。他渴望从这次访问中确认,表姐对自己是否认真,因为他不想在这个问题上浪费更多的时间。

晕船的阿尔伯特经历了一次可怕的英吉利海峡横渡。10月10日,一行人抵达温莎。维多利亚一见到阿尔伯特,立刻就被迷住,立刻爱上了他,立刻想到结婚。他英俊、有礼貌、聪明、有趣,和他的哥哥很不一样。20岁的女王第一次与同龄人建立起友谊,也是第一次感受到爱情的冲动。不过,一开始,她很谨慎,虽然她确实已经和墨尔本讨论过如何将自己的感情表达给阿尔伯特。五天后,她把阿尔伯特召到她的房间里,提出请亲王娶她为妻。紧张的气氛已经消散,阿尔伯特为此高兴,他答应了,并用德语告诉女王,他很高兴能与她共度一生。从此,他们成了亲密无间的伴侣,而他们之间的激情确实显而易见。那天晚上,女王在日记中写下了自己找到丈夫的兴奋和喜悦。

阿尔伯特亲王青年时期像,约翰·卢卡斯(John Lucas)绘

墨尔本对女王的决定很高兴,是不奇怪的,但他仍然担心这件事不会有令人满意的结局。斯托克马尔男爵也不确定这桩婚事是否合适,因为婚姻双方地位的不平等,会让阿尔伯特为了留在英国生活而牺牲其他一切。他还担心权势滔天、刚愎自用的女王嫁给一个性格内向的知识分子,会带来不好的结果。

这对表姐弟都很年轻,在对待彼此感情上还不成熟。阿尔伯特没有像欧内斯特那样受过情感启蒙教育。他和女王彼此几乎不认识,成长经历也很不一样。来自不同文化背景的两个不相知的人,进入了一场包办婚姻。阿尔伯特对自己未来的角色满怀兴奋。对这样一个有能力、有文化的年轻人来说,在伦敦生活当然要比在科堡那偏远而狭小的环境中过日子要好得多。但是,不确定性也是存在的。他要为维多利亚放弃一切,作

维多利亚女王和阿尔伯特在温莎观看庄园中,以城堡为背景。古尔利·斯蒂尔(Gourlay steel)作于1845年

为交换条件,他以为自己会得到她的全心全意的关注,却天真地忽略了女王只对君主的职责才有这样的承诺。女王与墨尔本讨论过阿尔伯特的长相,以及他只看上自己而没有看上其他女人的事实。当墨尔本暗示男人可能会变心出轨时,女王暴怒,喝令让他收回这句话。也许是因为利奥波德舅舅的第一任妻子夏洛特公主难产去世产生了巨大的破坏性影响,女王也宣称自己害怕生育,害怕孩子带来的一切烦恼和不安。

阿尔伯特很早就预感到未来的妻子对工作倾注的心力。1840年1月,他给她写了一封信,建议他们在温莎度过一个长时间的蜜月。从回信中可以看出她对工作的认真态度,以及阿尔伯特必须为此做出的调整:

> 你忘了,我最亲爱的爱人,我是国家的主人,工作是不能停止,也不能等待的。国会正在开会,几乎每天都有事情发生,可能需要我去做,我不可能不在伦敦,因此,离开两三天时间已经算长的了。我是一刻也不能放松,如果我不在场……

1839年11月14日,阿尔伯特在经历了改变他人生历程的访问后,离开伦敦。1840年2月初,他永久地回到了伦敦,对大都市伦敦而不是科堡的生活前景满心欢喜。当时的伦敦是庞大帝国的中心,充满了令人兴奋、让人着迷的人和事。它既繁华又错综复杂,体量比布鲁塞尔大,也比布鲁塞尔有趣,对阿尔伯特这样的人而言,是人生的理想之地。

女王在11月23日举行的枢密院会议上宣布了她的结婚计划,并将1840年2月10日定为大喜之日。随之,关于这桩婚事、关于外国势力在英国的进一步影响,以及阿尔伯特亲王未来的地位、津贴、职务和头衔等问题,引发了争论。以林肯郡议员查尔斯·西布索普(Charles Sibthorp)为首的一些议员,反对女王与外国人结婚,并拒绝授予他爵位,他们不能容忍外国人参与英国政治。后来,西布索普议员继续攻击阿尔伯特亲王,为他制造了很多障碍。

维多利亚女王也拒绝了授予阿尔伯特爵位的想法,认为这样的地位太低。她希望阿尔伯特能得到"女王配偶"的称号,并希望他的地位高于其他王室成员。现在轮到威灵顿公爵出来反对了,他拒绝这样做,甚至建议在阿尔伯特的名字前加上"新教",以免路德派的阿尔伯特亲王支持罗马天主教。此后好多年,维多利亚女王为让丈夫得到"女王配偶"称号而斗争,终于在1853年亲自将这个称号授予丈夫。

阿尔伯特的津贴问题也引发了争议。许多人想起了利奥波德舅舅在与夏洛特公主结婚时,每年领取5万英镑,尽管夏洛特公主去世,利奥波德再婚并迁往比利时,但仍继续领取这笔款项。有人认为现在又有一个科堡人来步其后尘。此时,利奥波德突然意识到问题的严重性,为了不给这桩婚姻增加风险,他停止了全额津贴的申请计划。

支持和反对的争论在公众中持续存在;这不奇怪,每个人都有自己的看法,而且有些看法是基于错误的前提和流言蜚语。一位作者用"公平赛"的笔名就女王的婚姻写了《致大不列颠人民书》,试图消除人们对阿尔伯特是否合适的疑虑,即他可能是罗马天主教徒的传言,以及他的家族配不上女王的评判。这位作者写道,路德派的萨克森-科堡人比欧洲许多人更积极推广新教,他们这个传统可以追溯到13世纪。作者坚定地要求,民众不要像议会那样让偏见影响判断,应该尊重女王选择丈夫的权利:

> 我们可以沉迷于嘲笑亲王家族在财富和领地上的微不足道,将英国宫廷的华丽奢侈与德国大公的寒酸进行对比,以此满足虚荣心;我们可以因为他是个外国人,就散布或听信关于他的无穷无尽的闲言碎语,这些,如果他是英国人的话,就简直是无稽之谈。或者……我们

应该记住,因为我们的君主的选择,他的命运现在已经在英国了。……现在,他除了在我们中间,没有其他地方可以寻找到家庭和幸福。基于这些理由,我们可以用亲切的和热情好客的态度欢迎他;给他提供一个公平的发展其良好品质的

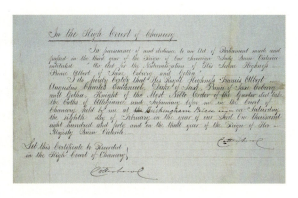

阿尔伯特归化英国文件

机会,并给予他应有的体贴,除非他因自己的行为而放弃了这种关怀……女王的配偶有权从她的人民那里得到这种体贴。这两种做法中,哪种更忠诚、更公正、更慷慨、更配得上大国风范,我留给你们——我的同胞们——来决定。

尽管西布索普议员提出抗议,但议会最终还是同意阿尔伯特亲王结婚后每年得到3万英镑的津贴,比女王设想的少了两万。女王对他们低估了她亲爱的阿尔伯特的价值非常愤怒,认为是他的外国身份引发了他们的仇恨。在她一生中的不同时期,维多利亚女王都表现出超前意识,本能地厌恶任何种族歧视和对外国人的不信任,而她与阿尔伯特亲王的婚姻就是第一个例证。

阿尔伯特亲王的新国家

墨尔本仍在努力保护维多利亚免受外界的影响。英国正从维多利亚成长期的温文尔雅的乔治时代迅速转变为一个工业化国家。在19世纪二三十年代,伦敦的人口增加了20%。曼彻斯特、谢菲尔德、利兹和伯明翰等地因成为产业和工业中心而迅速发生变化,人口激增。人们从农村涌入城市新建的工厂做工。大规模的房地产开发使很多人挤住在一起,从而造成疾病传播,产生严重的卫生问题。

1825年第一条由斯托克顿至达灵顿的铁路通车后,英国的铁路系统迅速发展。1830年,利物浦至曼彻斯特线路建成。1838年,一条主线首次将伦敦

与另一个主要工业区伯明翰连接起来。尤斯顿（Euston）车站开通，从帕丁顿（Paddington）出发的大西线铁路已经运行到梅登黑德（Maidenhead）。铁路不仅为制造蒸汽机车和车厢、铺设铁轨和运行火车提供大量就业机会，而且也是国家工业化的基础，方便运送煤炭、锡、进口棉花和小麦。铁路在其主营活动之外，还产生很多辅助业务，其潜力很快就被来自莱斯特（Leicester）的年轻的戒酒支持者托马斯·库克发现：铁路可以大量运送旅客。

新兴的富裕的中产阶级变得更富有，而工人们却生活在肮脏的贫民窟里。1838 年，约翰·布莱特（John Bright）和理查德·科布登（Richard Cobden）在曼彻斯特成立了反《玉米法》联盟，试图废除玉米法，因为这个法案把国产玉米和小麦的成本人为地抬得很高。1834 年，"托尔帕德尔受苦者"被押送到澳大利亚，具有讽刺意味的是，他们的罪名是试图组织农业工人工会，但这些运动组织并不能阻止工厂、矿场、铁路和船坞中工作的男女老少受无良雇主的剥削。这些地方的雇主对工人的健康和安全问题毫不在意。1844 年，一群工人在罗奇代尔开设了第一家合作商店，目的是为了压低价格。工会运动的基础正在奠定。自 1800 年的《联合法案》设立了全英国议会后，英国与爱尔兰的关系一直步履维艰。爱尔兰仍然是一个

圣潘克拉斯车站——伦敦最伟大的火车站之一

以天主教徒为主的国家，拒绝服从新教统治，而新教是英格兰国教，在英国，任何来自其他宗教的人都不能进入议会。犹太银行家莱昂内尔·罗斯柴尔德（Lionel Rothschild）1847年当选为伦敦市议员，这一情况公之于众后，他被禁止进入下议院。他一直等到1858年法律修改后才得以进入议会。

大英帝国在英国海岸之外的领土和殖民地越来越多，维护和保卫帝国，责任重大。在亚洲，1839年，东印度公司积极参与第一次鸦片战争，1842年，英国占领香港。亚丁（Aden）和新西兰被帝国吞并，上、下加拿大合并为一个行政区域，英国本土停止向新南威尔士州运送罪犯。俄国积极介入阿富汗，进而威胁到印度。英国必须维持在那里的军事存在，1839年8月，英军在第一次阿富汗战争中攻占了喀布尔。

申明宪章运动主要目的的文件

随着工业革命进入高潮，一批社会观察家发展出一种新的文学形式来评论这场革命对国家和个人的影响。1839年，托马斯·卡莱尔（Thomas Carlyle）警告说，一种新的奴隶制，即人被机器奴役的情形正在出现；范妮·特罗洛普（Fanny Trollope）夫人写了《迈克尔·阿姆斯特朗》（*Michael Armstrong*）和《工厂男孩》（*Factory Boy*），讲述了曼彻斯特工厂里的孩子们的遭遇；"英国的状况"成为伊丽莎白·加斯克尔（Elizabeth Gaskell）和一位叫本杰明·迪斯累里的年轻政治家等探讨的主题。与此相反，君主的特权、女王的孤僻和王宫最近的丑闻，导致共和派要求废除君主制。在曼彻斯特、纽波特和伦敦等地发生了宪章派的示威游行。

维多利亚女王越来越意识到她的身份和她在这个迅速变化的国家中的地位及所承担的责任，她别无选择，只得同意为阿尔伯特支付可怜的3万英镑津贴。此外还有其他问题，包括阿尔伯特的职位。阿尔伯特希望在辉格党和托利党之间取得平衡，但很快就意识到自己在这件事上并没有发言权。墨尔本首相怀疑这位受了德国教育的亲王对英国自由主义的意义没有多少了解。最后，一项归

化法案通过，阿尔伯特获得英国人身份，与女王结婚，并被称为亲王殿下。阿尔伯特很快开始怀疑他的未来，其怀疑程度正如他在科堡沉浸在兴奋中的程度一样。不过，自始至终，维多利亚都让阿尔伯特意识到自己对他的忠诚和支持。

婚 礼

科堡人对他们的王子将迎娶英国女王感到高兴。在阿尔伯特离开科堡时，大家欢聚一堂，举行了许多聚会，表达他们的美好祝愿。1840年1月28日上午，在父亲和哥哥，以及女王的家人的陪同下，一行人在冰天雪地里乘马车离开德国，也许阿尔伯特觉得，这寒冷的雪天，冷酷无情，正是英国议会对他的感情的一种象征。像之前和之后许多从欧洲大陆移民到英国的人一样，他感觉前途未卜。一行人穿过德国北部的平原，在科隆渡过莱茵河，到达亚琛（Aachen），再到布鲁塞尔与利奥波德叔叔相聚。随后，他们在奥斯坦德（Ostend）登上了前往加莱的火车，准备乘渡轮前往多佛（Dover）。

淡奶油色丝绸婚礼服，领子和袖口带霍尼顿花边阿尔伯特亲王一向不惯于旅行，这一次又晕船了。他们最终于2月6日也就是婚礼四天前抵达伦敦。

这之前四个月，有关婚礼方案的讨论和争执一直在继续。王室邀请了宾客并计划举行一个简单的仪式。结婚礼服设计成适合新娘而非在位女王的风格，与加冕礼上穿的衣服完全不同。最重要的是，维多利亚女王不希望丈夫对自己有从属感。她与墨尔本讨论了她的礼服设计方案，墨尔本建议任用英国制造商，而不是女王一直以来任用的巴黎设计师。那件优雅而简单的礼服是由拉斐尔前派画家、政府设计学院的威廉·戴斯（William Dyce）设计的，可能交由贝当斯夫人制作，由胡格诺派的纺织工匠，如斯皮塔菲尔德的塞缪尔·库尔陶德等人用非常精细的淡奶油色丝绸织成。大领子和袖口由德文郡霍尼顿（Honiton）的花边工匠缝制，因近来布鲁塞尔花边的流行让他们很受打压，苦不堪言。可以说，维多利亚女王一生都在光顾霍尼顿花边行业。

为了打破传统，女王拒绝佩戴头饰或冠冕，以及其他金银饰品。相反，她在头顶戴一条人造橙花带，腰间是一条同花样的束带。这的确不是一件显示君主威严的服装，而是一件简单的、精心设计的、昂贵的婚纱。婚礼前一天，阿尔伯特亲王送给他未来的妻子一枚巨大的蓝宝石胸针，胸针上镶满了钻石。女王把它戴在婚纱的正面。她后来多次佩戴这枚胸针，但在阿尔伯特亲王去世后，几乎再没有佩戴过。婚礼当天，女王佩戴的其他首饰是一条土耳其钻石项链和一对耳环。阿尔伯特亲王身穿英国元帅军服，并佩戴英国陆军元帅勋章——这是女王所能赐予他的。

1840年2月10日，天气沉闷潮湿，但没有什么能削弱维多利亚女王和阿尔伯特亲王的兴致。一大早，女王梳好头，穿上婚纱。在母亲和萨瑟兰公爵夫人的陪同下，她们乘坐马车从白金汉宫出发，走了一小段距离，来到圣詹姆斯宫的皇家教堂。在这里，他们进行了结婚宣誓。当阿尔伯特将戒指戴在女王手指上时，她欣喜若狂。在登记册上签字后，他们回到白金汉宫，女王换上了简单的白色丝绸长袍，阿尔伯特穿上温莎大衣，一起享用了一顿婚礼早餐。衣服是他们之间永恒的话题，平时他们各自计划着要穿什么衣服，并经常互相补充修正。女王穿的是大号的、浮夸的、杂乱的服装，亲王的穿戴则简约、潇洒风流，一般是剪裁得体的长裤和夹克。

维多利亚女王和阿尔伯特亲王在婚礼上，F.W. 托珀姆（F. W. Topham）绘，S. 布拉德绍（S. Bradshow）刻

下午4点，他们离开王宫前往温莎，由于沿途挤满祝福的人群，所以行程比预期的要长。到了温莎，阿尔伯特亲王惊讶地发现莱岑的房间离他们的套房很近——就在女王更衣室的另一边。在这里，他们度过了一个狂欢的新婚之夜，据女王本人透露，这一夜，他们睡得很少，尽情享受恩爱和激情。

第二天早上，年轻的新娘对丈夫的浪漫外表更加迷恋了。早餐时，他穿了一件黑色的天鹅绒外套，没有戴围巾，露出了比平时多一点的颈部和胸部。再加上他那英俊帅气的面庞和蓝色的眼睛，更让她喜欢。他们一起在院子里散步，将书桌并排摆放，努力工作，他们彼此的爱慕不可阻挡。他们都是第一次找到了从未想象过的爱情和幸福，由此建立了深情款款的关系。

在婚后的幸福生活中，新娘不忘抽出时间给她的两位父亲般的亲人——墨尔本和利奥波德舅舅写信。在给利奥波德舅舅的信中她写道：

……真的，我认为世界上没有人能比我幸福，或者说像我一样幸福。他是个天使，他对我的温情和爱意，真的令人感动。看着他那双可爱的眼睛、那张可爱得阳光灿烂的脸，就足以让我崇拜他。为他做什么，让他幸福，就是我最大的快乐。与我个人独处时的巨大幸福不一样，昨天我们两个人的相处是我所经历过的最令人兴奋和最热情的一次……我昨天晚上很累，但今天又恢复过来了，很开心。

新 婚

婚后的头几周，维多利亚和阿尔伯特在一片爱慕和激情的眩晕中度过，彼此的爱慕之情，宫廷里每一个人都看在眼里。在舞会上，当他们在地板上滑行时，总是成为众人瞩目的焦点。他们走过白金汉宫和温莎城堡，在那里，阿尔伯特亲王让他的妻子开阔了眼界，领略到了大自然的奥妙。他们一起骑马，她赞美说，他骑在骏马上的姿态是多么英俊！晚上，他们一起唱歌、演奏音乐，讨论宗教。女王觉得自己更喜欢丈夫的路德派新教，而不是自己信奉的圣公会。

女王对怀孕和分娩感到恐惧。虽然医学界开始探讨避孕问题，但当时有身份的人不涉及这个问题。正如夏洛特公主的悲惨例证所表明的那样，分娩非常危险，社会各阶层的许多妇女都死于分娩或分娩引起的并发症。3月中下旬，也就是婚礼后六周，女王开始感到身体不适——她已经怀孕了。如同如今发生在她身上的事情一样，一个新问题随之出现。因为暂时没有其他王位继承人，就有了谁来摄政的问题。于是，《摄政法案》获得通过，规定如果女王在继承人未成年之前去世，可由阿尔伯特亲王摄政。

每天早上，在墨尔本的鼓励下，阿尔伯特亲王坐在办公桌前，阅读送给他的妻子处理的国务文件，必要的时候还要涂掉女王的签名。在墨尔本看来，阿尔伯特似乎缺乏幽默感、严谨、内敛。这位喜欢恶作剧的老政治家其实不喜欢这种性格，但他认为这些都是作为女王的丈夫所应具备的品质。他的经验使他能够正确地预测到，假以时日，阿尔伯特亲王会对英国人民产生巨大的影响，与他妻子的影响不同，在某些方面或更为深远。他鼓励女王给阿尔伯特看他想看的任何文件，但即使阿尔伯特对这些文件有看法和意见，女王也不允许他影响自己的决策。

性格上的差异开始显现出来。维多利亚很放松，尽管有了弗洛拉·黑斯廷斯事件的影响，她仍然喜欢"八卦"，喜欢听轻音乐，喜欢唱歌，而阿尔伯特则要规矩和

威廉·查尔斯·罗斯（William Charles Ross）1841年为维多利亚女王作铅笔和水彩素描像，作为礼物赠送给阿尔伯特

第四章 女王的婚姻

拘谨得多。很快，阿尔伯特开始急于寻找思想上的刺激。虽然女王自认为不拘小节，但宫廷礼仪的僵化使阿尔伯特觉得很压抑，尤其是在白金汉宫。

易怒的妻子和压抑的丈夫之间用德语和英语方言争吵，不足为奇，因为阿尔伯特亲王显然无所事事，没有职位，感到厌烦，变得沮丧。为了安抚他，女王重新考虑宫廷生活安排，同意在温莎度过大部分时间，因为阿尔伯特觉得比起白金汉宫严格的礼制，温莎的气氛更为怡人。

阿尔伯特进入女王的生活，自然与女王最亲近的人形成了紧张的关系。女王仍然把莱岑视为闺蜜和顾问，而在新时期，引入第三个人造成了困难就并不奇怪了。莱岑和阿尔伯特合不来，斯托克马尔要求墨尔本支持他赶走莱岑，墨尔本拒绝了，他说他发现莱岑对女王和他自己都是最顺从和忠诚的。然而，随着阿尔伯特地位的提高，莱岑在女王心目中的位置逐渐削弱，1842年，她退居幕后，回到德国。

与议会的僵硬关系开始解冻，阿尔伯特应邀在议会开幕式上与妻子并肩而坐。6月10日，女王的声望也因为一次可能致命的事件

在宪法山，爱德华·奥克斯福德向女王和阿尔伯特开枪

而令人惊讶地呈现上升趋势。那天，女王夫妇遇到了第一次暗杀。后来，人们将这类事件称为"弑君"。当他们的车驶上宪法山时，18岁的爱德华·奥克斯福德（Edward Oxford）手持两把手枪出现，向他们开了一枪。围观的人群要求将凶手处死。女王尽管很害怕，但仍以冷静的姿态继续前行，很让人们惊讶。奥克斯福德被判处入狱27年，后被允许移民。

维多利亚女王并不喜欢怀孕，觉得怀孕妨碍她与丈夫享受美好时光。怀孕后的体形让她很郁闷，身体的不适也让她烦恼。她只能和阿尔伯特亲王讨论分娩问题，同时还要继续她作为女王的工作。从来没有迹象表明，女王因为怀孕而倦怠国事。阿尔伯特亲王提供了非常必要的支持。随着孕期进展，女王越来越依赖丈夫在国务问题上的建议；在有关即将到来的分娩等许多事务上也是如此。考虑到那个时代的习俗，女王夫妇在生育问题上表现出的直率坦诚都是很令人瞩目的。

第五章　维多利亚和阿尔伯特的第一个十年

1840 年 11 月 21 日，公主在她父母结婚十个月后出生。维多利亚女王用三年半时间完成了从少女肯特公主到女王，又从妻子到母亲的转变。十八个月前，公众看到的新女王的形象还是一个不成熟的年轻女子，而现在，他们看到的是她怀抱婴儿的浪漫姿态。

公主受洗名是维多利亚·阿德莱德·玛丽·路易丝（Victoria Adelaide Mary Louise），是维多利亚女王和阿尔伯特亲王结婚二十年所生的九个孩子中的第一个。前七个孩子都出生在维多利亚登基后的头十年即 1840 年至 1850 年间。

当今王室的形象与以前几个朝代放荡不羁的王室形象形成了鲜明的对比。19 世纪 40 年代，维多利亚女王开始给她的臣民一种安全稳重和对王权具有节制的印象。帝国已经主宰了世界，新的殖民地和领土逐年增加；工业革命的车轮滚滚向前，带给人们快速的社会变革和技术进步；大不列颠和帝国发展的可能性似乎是无限的。

对于新婚的维多利亚女王来说，她的个人生活也发生了巨大变化，过去的孤独感消失了，她平生第一次有了与她同龄的伙伴——她的丈夫阿尔伯特亲王。在应对年轻母亲的压力的同时，她还必须扮演更多更重要的角色，承担更多责任。她很快——但有时也很困难地——了解到，虽然她是女王，但君主已不能管理政府事务，此项权力现在被议会牢牢控制着。议会和王权这两个机构仍需学会和平共存。这导致很多时候，维多利亚和阿尔伯特的意见与政府所希望推行的政策存在分歧。

婚姻生活二十年，维多利亚女王获得了足够的自信，形成了她作为君主的个人风格。阿尔伯特亲王的支持对她实现这一目标至关重要。他不仅是女王的丈夫，而且，像以前的墨尔本一样，也是她最亲密和最受信任的顾问。她努力不让自己频繁的怀孕影响作为君主的工作，每一次怀孕期间尽可能长时间出席招待会、晚宴和各种仪式。当然，她难免也会有不适应的时候。

维多利亚女王和长公主维多利亚·阿德莱德·玛丽·路易丝。（对页）

紧 张

19世纪40年代，女王每一次怀孕，都会变得更加疲惫不堪。尽管阿尔伯特亲王可以代表她出席许多活动，但因为没有正式头衔，只能居于从属地位。在他们结婚前的几个月里，维多利亚女王没有被议会的抗议吓退，坚定而且急切地要为丈夫安排一个位置、授予一个头衔。阿尔伯特也不满足于幕后活动，希望能扮演一个有影响力的角色。一开始，维多利亚是拒绝这一要求的，夫妇之间的关系也因此出现紧张。斯托克马尔男爵对这桩婚姻不合适的疑虑似乎突然间一语成谶了。

阿尔伯特亲王对宫廷生活感到厌烦，而他的妻子由于没有受过正规教育，智识上与他很不相当，因此夫妇俩经常争吵，有时还相当激烈。女王满足于打牌、唱歌或阅读通俗小说，而阿尔伯特亲王对这些简单重复的活动感到沮丧，他需要接触到更多有刺激性的东西。一个有教养、有学问、热心肠的年轻人，不需要这样的生活，就

《伦敦画报》上刊登的版画《维多利亚女王和阿尔伯特亲王》，C.迪朗（C. Durrand）作

连阿尔伯特亲王的私人秘书乔治·安森（George Ansen）也对亲王的角色缺失感到绝望。安森在1841年1月写了一份备忘录，谈到墨尔本当初极具洞察力地看准了这对夫妻之间分歧的根源。

墨尔本说："亲王觉得每天晚上的下棋乏味无聊。他想把文学界和科学界人士带进王室，让社交对象多样化。而女王却不愿意接纳这些人，因为她觉得自己受到的教育不适合她加入这样的谈话，她不希望自己在谈话中插不上嘴。她的天性是十分开放和坦率的，不能假装出拥有比她真正拥有的知识更多的样子。亲王殿下对小姐们的倾慕完全无动于衷，女王对此非常自豪……我觉得，亲王与我谈话多一点儿，她就有些嫉妒。"

渐渐地，在墨尔本的支持下，也因为怀孕的妻子需要帮助，阿尔伯特亲王被允许参与一些国家事务，公文箱在他面前打开了。他毕竟在波恩的大学里学过政治，应该有能力凌驾于政治偏见之上，这一点也是必要的，因为此时墨尔本首相的辉格党政府终于开始运转起来了。

1841年大选的结果是墨尔本首相失败，罗伯特·皮尔爵士和托利党获得第二次选举胜利。墨尔本从此成了维多利亚女王生活中的一个过气人物，虽然女王仍与他保持着联系，但关系再没有前几年巅峰期那般亲密了。1842年，墨尔本中风，从此一蹶不振，于1848年去世，他的位置已经完全被阿尔伯特亲王取代。维多利亚女王有时甚至质疑自己以前与她的第一任首相的亲密程度，似乎忘掉了墨尔本对她的指导和训练。而阿尔伯特却已摆脱成见，开始与皮尔首相紧密合作。

维多利亚和阿尔伯特之间也因为莱岑女男爵继续留任而发生了冲突。阿尔伯特亲王和莱岑的关系并不融洽，双方都反感对方与维多利亚的关系。斯托克马尔介入此事，支持阿尔伯特，并威胁说，如果莱岑不离开，自己就辞职。莱岑一直以来都待在维多利亚身边，而且很可能在新生儿到来时帮忙照顾。但是，莱特尔顿（Lyttelton）夫人随即被任命为王室儿童的照顾者。

阿尔伯特亲王还仔细审查了王室的管理，这是以前从来没有出现过的事情。他很快就发现了许多不规范的地方和从未进行更新或改变的做法，如：订购了并不需要的食物；采买没有任何合同的约定；招待支出超过了女王的宴会所需。他把此事的大部分责任推给了莱岑，这是不公平的，莱岑的职位多年来不是一成不变的。现在，事情已成定局，这里已经不需要她了。最终，1841年，维多利亚女王屈服于阿尔伯特亲王、斯托克马尔和乔治·安森的压力，承认莱岑的职位是多余的。这一年，为王室服务了二十一年的莱岑离开英国，回到汉诺威。

女王和女男爵之间没有告别。女男爵尽心尽力为维多利亚着想，担心告别引起不必要的情绪波动。一天晚上，她悄悄踏上旅程。第二天，维多利亚女王还在回想她允许这件事发生是否合理。也许因为年轻，也许是她觉得需要发展自己的风格，维多利亚终于放下了墨尔本和莱岑这两个一直为她的履职做准备的人。如果没有莱岑多年的指导，维多利亚女王会是一个完全不同的君主。正如伊丽莎白·朗福德所指出的，莱岑在帮助维多利亚成为女王的过程中发挥了至关重要的作用："她把一个具有伟大资质的女王交给了国家，这是她的功劳。"

莱岑靠每年800英镑的养老金，一直活到86岁。晚年，她生活在对英国王室时期生活的回忆中。她一直与维多利亚保持联系。维多利亚访问德国的时候去看望过她。莱岑走后，维多利亚变得更加自信，许多人，包括阿尔伯特亲王都发现，没有莱岑的王室生活，质量有了很大的提高。

莱岑离开两个月后，新首相上任，埃及和土耳其发生动乱。阿尔伯特对家庭和王室生活进行了改革，维多利亚女王于1841年11月9日生下了威尔士亲王阿尔伯特·爱德华（Albert Edward），使王室继承权有了保障。她现在是两个非常年幼孩子的母亲——长公主在弟弟出生后两天过了周岁生日。

尽管女王夫妇之间有时关系紧张，摩擦和可怕的争吵也时有发生，但两人之间激情不减，更多的孩子出生后，他们渐渐学会互相包容。阿尔伯特亲王为了表示自己的忠诚，赠送给妻子许多珠宝首饰。这些珠宝并不是购买的，而是他亲自设计的，包括1839年他在科堡时就已经开始设计的手环、耳环和胸针。1846年前，他一直将此系列作为维多利亚的生日礼物。这些既典雅又现代化的作品，金铂、白瓷和绿珐琅材质，打破了传统的王室珠宝设计思路。1843年2月10日，他们结婚三周年的时候，阿尔伯特送给维多利亚的是一枚金色的伊丽莎白式心形胸针，胸针的顶端有一顶简约的淡水珍珠皇冠。维多利亚女王对这些珠宝首饰和丈夫的爱意感到欣喜。

"全国反对《玉米法》联盟"会员卡

《名利场》杂志上的皮尔漫画像

首相皮尔

1841年大选后,53岁的罗伯特·皮尔爵士组建了第二个保守党政府,使威灵顿公爵成为无官职大臣。1843年,威廉·格莱斯顿(William Gladstone)被任命为贸易大臣。维多利亚女王在寝宫危机时曾厌恶和不信任罗伯特·皮尔爵士,但很快,她对皮尔变得非常尊敬。罗伯特·皮尔爵士是一位改革派的保守党人,出身于棉花商家庭,家境优渥,曾在哈罗公学和牛津接受过教育。在成为首相之前,他曾有过长期的议会生涯。他支持自由贸易,因决心废除破坏性的《玉米法》而激怒了托利党内较传统的成员。随着工人的营养不良问题日益明显,加上爱尔兰的马铃薯歉收,《玉米法》立法问题对他来说变得更加紧迫。

自由贸易原则——即国内贸易在没有任何人为限制情况下运作——是非常难以推行的，但在维多利亚女王统治时期，这一制度得以很好实施，主要是因为在庞大而富强的大英帝国内可以开辟出一个贸易和投资市场，依靠自由贸易获得成功。相比之下，《玉米法》及其修正案被认为是一种人为的激励措施，以牺牲穷人的利益来帮助地主保有财富。

第一部《玉米法》1815年由议会通过，当时英国的人口开始迅速增加，国内生产的小麦供不应求，不得不进口谷物。议会规定，在自产小麦的价格达到每夸脱80先令（每25千克4英镑）时，才可以进口小麦。几年过去，该法的一系列修正案都对关税做了修改，但《玉米法》的颁布，人为地抬高了所有谷物的价格，面包和其他小麦产品的价格也因而受到影响。1838年，在兰开夏郡，以约翰·布莱特和理查德·科布登（Richard Cobden）为首的反《玉米法》联盟成立，很快得到全国各地的支持。皮尔看到19世纪40年代中期棉花业面临的萧条，小麦成本虚高，以及由此引发的其他恶果，决心废除《玉米法》及其所有修正案。

维多利亚女王现在非常喜欢皮尔。皮尔还是为数不多的真正与她心爱的阿尔伯特交好的人之一，这无疑使女王更加喜欢他。皮尔还帮助女王在即位初期的外交和政治雷区中找到了自己的方向。阿尔伯特亲王喜欢皮尔的施政风格，皮尔也很高兴亲王能为妻子出谋划策，认为这是维多利亚女王成功的关键。尽管皮尔比阿尔伯特大二十多岁，但他们的教育背景和人生观都有相似之处，因此相处得很融洽。对维多利亚来说，阿尔伯特亲王成了她的重要支柱。他翻阅女王那一摞摞的文件，和她一起分析和讨论。他们已经成为一个工作团队。不过，阿尔伯特仍然希望自己在决策中发挥更大的影响力。

教育女王

阿尔伯特亲王在结婚初期遇到一个挫折，其原因，毫无疑问，是他认为妻子教养不足。他在波恩的大学里的丰富经历与她在肯辛顿宫中莱岑多年的指导下为登基做准备工作形成了鲜明的对比。在阿尔伯特看来，维多利亚拥

1842年费利克斯·门德尔松拜访女王和亲王时为他们弹奏钢琴

有一个良好的、敏捷的、聪明的但未经训练的头脑。他开始主动教育她，她也默许了。

　　正如墨尔本指出的，女王经常感到自己思想深度不够，无法展开"严肃"的讨论，而总是把话题转到更轻浮的东西上面，让周围的人感到沮丧。阿尔伯特亲王的介入很及时。很快，维多利亚在艺术和文学方面变得博学多才，并继续发展了对音乐和歌剧的热爱。她和阿尔伯特经常一起演奏音乐。1842年，作曲家费利克斯·门德尔松（Felix Mendelssohn）来到伦敦，维多利亚女王邀请他到白金汉宫做客。来自柏林的浪漫主义作曲家门德尔松，在苏格兰待过一段时间后，被深深吸引。在白金汉宫时，他将自己创作的《苏格兰交响曲》献给了女王。他对英国之行感到非常愉快，并对阿尔伯特的管风琴演奏能力、维多利亚的音乐才能和优美的歌声表示赞赏。

　　不久，维多利亚女王身边的人注意到，她在宫廷中的谈话有了明显的改善。她变得更加自信和有能力表达自己对艺术、海军活动和其他世界大事的看法。她定期到考文特花园歌剧院观看新上演的剧目。维多利亚女王和阿尔伯特亲王都是戏迷，他们的孩子经常穿上戏服拍照或者请画师画像。女王夫妇成了新发展起来的戏剧事业的赞助人，并于1848年12月在温莎城堡举办了第一次皇家戏剧演出季，剧目是《威尼斯商人》，主角查尔斯·基恩（Charles Kean）是伟大的戏剧家艾德蒙·基恩（Edmund Kean）的儿子。

　　在维多利亚统治初期，戏剧还是中上层阶级的娱乐项目。1843年的《剧院法案》允许剧院在廊道出售茶点小吃，并导致了音乐厅的兴建，这是维多利亚时代为工人阶级设计的一种娱乐场所。它使戏剧表演的形式变得精致，由此培育出杂剧表演——歌曲、舞蹈、讽刺剧和喜剧的混合体——在20世纪兴盛起来。

阿尔伯特亲王在反对奴隶制协会集会上演说

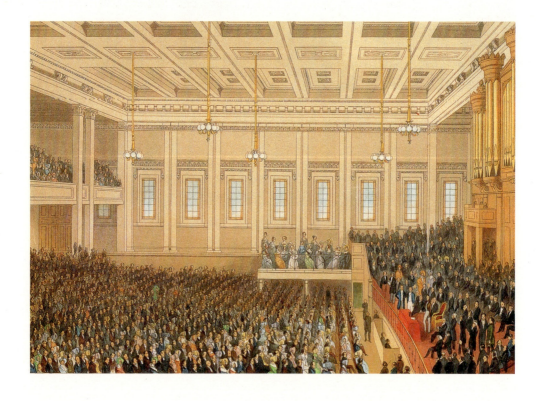

女王莅临国会,D. 罗伯茨(D. Roberts)博士作

女王的丈夫

英国公众并不容易接受阿尔伯特亲王。他在很多人看来态度生硬、缺乏亲切感,而且经常显得傲慢,其表征就是他在公众场合说英语时害羞。在为他举行的正式晚宴上,比如他被授予伦敦市自由勋章时,他经常被女王的亲戚们冷嘲热讽。1840年夏天,阿尔伯特被任命为反奴隶制协会主席,这是他被公众接受的第一步。1833年,大英帝国已经废除了奴隶制,为此向奴隶主支付了2000万英镑的补偿,但其他国家仍在进行大规模的奴隶买卖。19世纪末,利奥波德国王的儿子在非洲中部刚果河一带的广大地区进行殖民统治,成为奴隶贩子。

罗伯特·皮尔爵士见识到阿尔伯特的能力,请他担任皇家艺术委员会主席,其职能之一就是进行重建议会大厦的可行性研究——1834年,议会大厦被大火烧毁。新建筑将采用维多利亚时代的哥特式风格,混合意大利古典主义风格,由查尔斯·巴里(Charles Barry)和奥古斯塔斯·韦尔比·诺思莫尔·皮金(Augustus

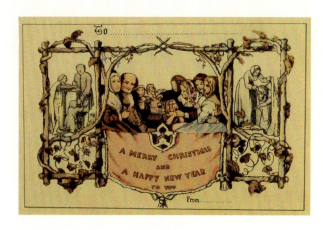

1846年亨利·科尔制作的着色圣诞卡

"不列颠蜂巢",显示五花八门的学会

Welby Northmore Pugin)合作设计。阿尔伯特亲王很快就因对委员会的宝贵贡献和知识渊博得到认可。

他的其他职位随之而来,最引人瞩目的是赞助艺术、制造业和商业协会(一般称为艺术协会)。1843年,该协会任命他为会长。在这里,他受到许多活跃的企业家的欢迎。阿尔伯特终于找到了他所渴望的刺激性工作。他的功劳在于使协会专注于将艺术和手工业与制造业、商业结合起来,这对新兴产业的成功至关重要。1843年,阿尔伯特结识亨利·科尔(Henry Cole)等人,并与其合作,设计出第一张圣诞卡;除了科尔,还有斯托克顿·特伦特陶瓷公司的老板赫伯特·明顿(Herbert Minton),新式建筑大师托马斯·库比特,铁路机车工程师和设计师乔治·斯蒂芬孙和伊桑巴德·布鲁内尔(Isambard Brunel)。正是在阿尔伯特亲王的支持下,这些人和艺术协会才得以在1848年开始策划大型展览。阿尔伯特还利用这些新伙伴的才能,在怀特岛的奥斯本和苏格兰巴尔莫勒尔为王室建造新的住宅,因为这项事务已经不容拖延了。

渐渐地,阿尔伯特亲王利用他的教育经历和在欧洲大陆培养的宽阔视野,与他的妻子一起工作,找到一个独特的、非常适合自己的角色;但女王配偶的头衔一直到他去世前几年才被授予。事实上,他在工作上的决心是如此之大,以至于他和罗伯特·皮尔爵士一样,被时人称为"工作狂"。他的全身心投入有时会影响到他的健康。他是维多利亚时代完美企业家的象征,他对机器给每个人的生活带来的变化着迷,同时也对创新设计、制造和商业的重要性表示赞赏并给予鼓励。

威 胁

十年过去,维多利亚、阿尔伯特和他们不断扩大的家族成为人们熟悉的形象,在记录王室生活的众多肖像画和照片中都可以看到。他们的肖像画被富裕的中产阶

《威根的晚餐时间》,艾尔·克罗(Eyre Crowe)作于1874年,反映了北方工业区的生活场景

第五章 维多利亚和阿尔伯特的第一个十年

级视为家庭装饰标配。温特哈尔特（Winterhalter）、冯·安杰利（von Angeli）、兰西尔等人都为王室成员创作过巨幅画像。

尽管维多利亚女王和阿尔伯特亲王希望过着撙节的生活，毫无疑问，他们的财富和地位使他们的生活方式与他们的臣民的生活方式有天壤之别。民众对宪章运动的支持对维多利亚女王来说是个永恒的痛点，尤其是当她连续几周消失在奥斯本和巴尔莫勒尔，或者当她要求从王室物品供应单中获得更多的经费时，更是如此。有人在议会提出，民众也会质疑，究竟是否需要、为什么付出这样的代价保留君主制。

对女王的地位和家人的安全构成更大威胁的，不是共和运动，而是刺客的枪弹。众所周知，1842年，发生两次弑君事件。5月，当女王夫妇乘坐马车在广场上行驶时，阿尔伯特亲王看到一个小个子男人用手枪瞄准他们。枪手意识到行动暴露，躲进了人群，没有被抓到。在这之后，女王夫妇在驾车出行时，采取了让马车旁有马匹随行的预防措施。这被证明是有效的，因为第二天，那个小个子男人又出现了；这次他开了一枪后被抓获。这名男子名叫约翰·弗朗西斯（John Francis），先被判处死刑，但后来人们发现手枪子弹并没有上膛，改判缓刑。几天后，又有一次弑君未遂，这次的枪手是一个叫约翰·比恩（John Bean）的残疾青年，他在枪里装了纸和烟草。维多利亚女王觉得他的遭遇令人同情，后来就未深究。在她的统治期间，弑君活动一直都没有停止。

社会变革

王室的生活与国内广大民众的生活差异甚大。由工业革命的财富培育出来的中产阶层已经崛起。这个阶层不仅包括磨坊主或企业家，更有越来越重要的专业人员加入，即越来越多律师、会计师、银行家、建筑师、教师、神职人员和医生等。他们很快成立了代表他们的专业机构，如英国皇家建筑师协会。

然而，其他数以百万计的男人、妇女和儿童几乎没有在有影响力的层面上获得代表权，仍然生活在肮脏的环境中，工作条件恶劣而危险。社会改革和以保护弱者而非增加有钱人的福利为目标的国会议案已经开始提出。1842年，皇家采矿

工程师、机械师、磨坊主、五金制造者和图案设计行业总会徽章（对页）

委员会提出建议，禁止妇女和10岁以下儿童从事地下作业，随后通过了立法，任命了检查员。

许多以减少工作时间和改善工作环境为宗旨的法案获得通过。1842年的《工厂法》涉及纺织厂的工作条件，主要是在兰开夏郡和约克郡的纺织厂。该法规定，13—18岁的妇女和青年每天工作时间不得超过12小时，13岁以下的儿童工作时间不得超过6.5小时，而以前是9小时。该法还将儿童接受每天3小时教育的观念引入，但却把儿童的工作年龄从9岁降至8岁。1850年的《工厂法》规定，妇女和儿童只能在早上6点到晚上6点之间工作，中间必须有一个小时的休息和用餐时间。1853年，另一项法案试图进一步限制童工的使用。

霍乱、伤寒和肺结核等致命性疾病的流行相当严重。由于卫生设施不足，住房过于拥挤，再加上对疾病的性质和传染病的传播途径缺乏了解，疾病经常发展到流行病的程度。1840年，一个城镇卫生问题特别委员会注意到了贫民窟的存在。1842年，埃德温·查德威克（Edwin Chadwick）出版了他的重要著作《穷苦劳动者的卫生条件》，揭露城市里可怕而致命的污水和卫生系统存在的问题，不仅对英国的公共卫生产生了深远的影响，而且对13年后的克里米亚战争产生了影响。这也促使维多利亚女王要求对白金汉宫和温莎城堡的卫生设施进行检测，那里的臭气和可能的感染风险时常令人震惊。

圣詹姆斯教区的工作场所，选自阿克曼的《伦敦缩影》，T. 保兰森（T. Bowlandson）、A. 皮金作

从 1848 年起，一系列公共卫生法案获得通过，要求地方政府改善环境和公共卫生；还任命了第一批卫生官员；改善了麻风病院的设施，在不断破败的厂房里建设更有益人们健康的卫生系统。与此同时，医生们在研究如何对民众进行疾病免疫；最重要的突破也许是查德威克对细菌及其在疾病传播和感染过程中作用的研究。

为了应付日益增长的城市人口的医疗和护理需求，医院的基础设施出现了大扩建。虽然圣巴托罗缪（St Bratholomew's）医院、盖伊（Guy's）医院和圣托马斯（St Thomas'）医院在伦敦已经存在了很长时间，并由志愿者和慈善基金会资助，但许多新医院都是由地方议会资助筹建的。1828 年成立了皇家自由医院和大学学院医院，1832 年成立了谢菲尔德皇家医务室，1847 年成立了慈善妇女医院，1855 年成立了白杨树医院，全国各地陆续建成了很多医院。1844 年通过了《贫困法》，其中一项规定，生病孩子的母亲可以向父亲索要子女的抚养费。《玉米法》的结果是面包价格上涨，这意味着大量的工人家庭营养不良，忍饥挨饿。当时，多数人的食物是土豆，因为土豆比面包和谷物便宜。人们很少有余钱购买茶和腊肉之类的"奢侈品"。营养不良导致坏血病和佝偻病，并且引发失明、神经系统疾病和骨骼脆弱。

对于工人阶级家庭的妇女来说，生活异常艰苦。她们不仅要工作挣钱，还要做所有的家务，而且由于缺乏避孕知识，加上因健康状况不佳而身体虚弱，膳食不足，导致成千上万的人死于分娩，有些死于并发症，有些死于无力承担适当的医疗或助产护理。分娩死亡影响了所有妇女，包括维多利亚女王本人，使她对怀孕的威胁、不便和痛苦，以及由此引起的对夫妻之间关系的影响感到绝望。

穷人的教育，特别是女孩的教育还很缺失。1844 年，沙夫茨伯里勋爵（Lord Shaftsbury）设立第一所"贫民学校"，为社会上最贫困的儿童提供义务教育，表明人们开始认识到了普及国民教育的必要性。

王室也不例外地受到这些变化的影响。当维多利亚女王要求对白金汉宫和温莎城堡的下水道系统进行大修时，发现建筑下面有敞开的大粪坑，于是修建了新的排污管道。至于温莎城堡的灯光照明，阿尔伯特设计了煤气灯，却遭到维多利亚坚决反对——她一生都喜欢用蜡烛照明。

1842年，女王夫妇乘坐老旧的皇家游艇乔治三世号前往苏格兰。这艘游艇是受王室委托建造的由两名桨手操作的帆船，航程耗时三天。看到船舶设计和建造方面的技术进步，女王和丈夫委托建造了一艘新的双桨帆船，取名"维多利亚和阿尔伯特号"。

铁路的发展对他们的生活起到更关键的作用，使他们能够迅速地前往奥斯本和巴尔莫勒尔。1842年，维多利亚女王在布鲁内尔先生的陪同下，第一次乘坐火车从斯洛夫到帕丁顿，用时35分钟。她很兴奋，据说阿尔伯特亲王还叮嘱司机说："下次不要开这么快啦。"乘坐火车旅行意味着女王在位期间，能比以往任何一位君主访问更多遥远地区，被她的臣民看到的次数自然也更多。

设法救助

维多利亚女王很容易受关于民众个人痛苦的报道的影响，诸如处于绝境的妻子，因丈夫失业或阵亡而自杀的妻子，她得知情况后，会问明原委，写一封慰问信，甚至会寄钱接济。来自帝国边疆

工人在伦敦舰队街地下建设下水道

的求助信会让她对这些危险地区的苦难和生命损失伤心悲痛。她从自身体验出发，特别同情母亲们的遭遇。她甚至对帕克赫斯特（Parkhurst）监狱的生活条件感到震惊。如果从她不可避免地远离民众的角度来看，她算是一个对臣民非常有同情心的人。

然而，维多利亚的同情心有时也会使她的行为变得草率、蛮横。在19世纪40年代中期，棉花生产陷入了巨大困境，需求量下降，英国的老牌公司也受到来自国外的激烈竞争的挤压。罗伯特·皮尔爵士本人来自棉纺制造商家庭，非常了解情况，与女王夫妇讨论了这些问题。维多利亚和阿尔伯特希望帮助英国工人，特别是东伦敦已经忍受很长时间折磨的斯皮塔菲尔德织造厂的工人。

女王夫妇对戏剧的爱好促使他们总想举办一场古装剧。于是，他们的解决方案是举办一场盛大的普兰塔尼特舞会。他们穿上英国人织造的棉制品，扮演爱德华三世和菲利帕王后。首相大吃一惊。几个月前，他曾建议王室采取更加节俭的生活方式，以获得公众的好感；现在，他警告他们不要举办这个盛大舞会，并告诫说，炫耀自己的特权是非常错误的做法。他说的没错。新闻界对这次舞会的规模和维多利亚女王的奢华衣装感到震惊，而此时此刻民众却在挨饿。棉花行业的困境并没有因此得到改善。

1849年，约翰·里奇在《笨拙》杂志上发表的漫画《对维多利亚首次访问爱尔兰的评论》

政治与爱尔兰饥荒

爱尔兰的许多人长期以来一直强烈反对英国对他们的统治。在费格斯·奥康纳（Feargus O'Connor）的领导下，一场新的共和运动正在兴起。许多农民生活在17世纪移民至爱尔兰的新教徒所拥有的土地上。根据1800年《联合法案》，爱尔兰议会与英国议会合并后，新的问题出现了。天主教徒被禁止担任官职。新的宪法试图实现更大的解放，但很快就遇到了阻碍。维多利亚女王对新教徒们信仰上的偏执表示不满，而同情天主教徒，认为他们有自由信奉宗教的权利，可以积极参与国家管理。爱尔兰人倚赖土地为生，大多数爱尔兰人的主食是面包和土豆。1845年春，灾难降临了，一场大雨摧毁了马铃薯收成。许多农民因无力支付土地租金，被富裕的地主赶走。这样的情形连续发生五年。最终，爱尔兰马铃薯大饥荒导致一百万人饿死，另有一百万人离开爱尔兰，开启了第一波移民美国的浪潮；还有成千上万人来到英国，多数在利物浦定居，在码头、磨坊和铁路上找到了工作。

罗伯特·皮尔爵士为了防止灾难发生，于1846年成功地废除了《玉米法》，但却在《爱尔兰威胁法》问题上遭遇失败后被迫辞职。约翰·罗素（John Russell）成为首相。虽然维多利亚女王对皮尔的辞职感到痛心，但她并没有像失去墨尔本时那样绝望，因为她意识到失去一个首相就意味着要任用一个新的首相。新首相任命的外交大臣帕默斯顿勋爵（Lord Palmerston）与维多利亚女王的关系极不稳定。1849年，爱尔兰人威廉·汉密尔顿（William Hamilton）在宪法山对维多利亚女王进行了一次刺杀行动，这是女王登基后遭遇的第四次弑君事件。尽管如此，女王和阿尔伯特亲王最终还是安全访问了爱尔兰。

这一年晚些时候，女王夫妇在爱尔兰受到了天主教和新教代表团的热情接待。维多利亚女王觉得这里的人很有魅力，也很美丽，尽管她对许多人恶劣的生活条件感到震惊。1849

一幅描绘广州港和澳门港商行的岭南派画作

年8月6日,她在一封从都柏林写给利奥波德舅舅的信中描述了她受到接待的情况:

> 尽管聚集了很多人,但秩序井然。我从未见过好脾气的人们如此嚷叫和兴奋,令人难以置信。昨天下午,我们开车出门,后面跟着马车和骑手,还有人奔跑和尖叫……今天上午,我们参观了模范学校(新教和天主教大主教接待我们的地方)。我在这里看到的衣衫褴褛的人比我在其他地方看到的要多……女人真的很漂亮。那么漂亮的黑眼睛和头发,那么漂亮的肤色和牙齿,那么精致……

在帝国海岸之外

大英帝国创造了巨大的财富,但也必须不断地维持、保护这些财富,并尽可能地扩充。罗伯特·皮尔爵士所宣扬的自由贸易,对于日益壮大的资本主义者来说是必要的。但潜在的紧张气氛有时会引发暴力冲突。维多利亚在位头十年间,在印度、中国和北非等地发生了许多流血事件,其中一些事件是由于英国想控制或击败其他潜在帝国的野心所引起的。俄国的沙皇声称要扩大疆域,因此几乎成了英国的长期对手。在这十几年里,女王要帮助政府实现保持和扩张帝国的意图。她将给那些为帝国的扩张而战斗但却被遗忘的人写信,并在他们回来后看望他们中的伤员。

一个主要的麻烦来自中国。东印度公司成立于1599年,目的是与东印度群岛进行香料贸易,与在那里的荷兰人竞争。到1623年,该公司将主要贸易业务转向了印度大陆。公司的实力不断增强,直至获得垄断地位。其主要贸易伙伴中国对公司的命运至关重要。到18世纪中叶,东印度公司在印度次大陆的各个地方都担当了政府的角色,根据1784年的《印度法案》,东印度公司可以有效地代表英国政府进行统治,印度因而成为帝国最大的殖民地。

在这段兴盛时期,东印度公司对印度人民进行了相当严重的剥削,但也唤

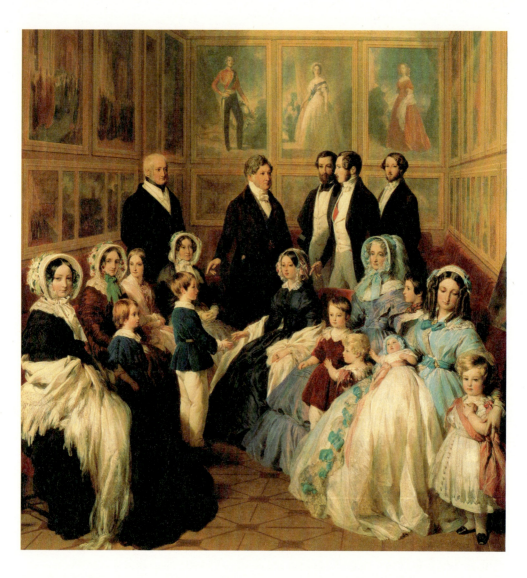

1845年维多利亚女王和阿尔伯特亲王拜访路易·菲力浦国王,温特哈尔特绘

醒了英国人对东方风物的迷恋。英国人在印度的存在对国内的影响不可低估。乔治四世的布莱顿馆体现了很多东方设计理念,佩斯利纹样起源于克什米尔,房屋和长廊只是印度文化渗透到英国的几个例子。

1833年,东印度公司失去了对中国的贸易垄断权,1842年,英国军队在东印度公司的协助下,取得了对中国的侵略胜利,使清政府屈辱地将香港割让给英国。1857年印度兵变之前，东印度公司实际上是一个准英国政府部门。

欧洲的革命

1848年对维多利亚女王和欧洲来说都是一个重要的年份，因为共和运动的呼声响遍了整个欧洲大陆。维多利亚女王于3月18日生下第六个孩子路易丝公主；不久，她为法国波旁王朝的最后一个国王路易·菲力浦（Louis Philippe）提供了庇护——国王不得不伪装成"史密斯先生"，带着家人从法国逃到英国。这一年晚些时候，维多利亚在石勒苏益格－荷尔斯泰因的治理问题上与议会发生了冲突，她惊恐地看到欧洲的独立小国试图结成联盟，尤其是意大利和德国。在国内，她看到宪章派要求她退位的示威活动。令她欣慰的是，英国、比利时和俄国能够坚守君主制阵地。年底回到奥斯本时，维多利亚和阿尔伯特都松了一口气，因为危机已经结束了，他们都很安全，维多利亚还在她的君主宝座上。

1789年大革命后，法国虽然保持整体——不是像德国和意大利那样分裂成多个小国，但局势仍然很不稳定。从大革命到共和国的建立，法国的历史充满了对立和流血冲突，君主派和共和派互相争斗。拿破仑一世代表着民主，但他的权力却最终超出授权范围，自己成了一个未经选举产生的皇帝，并且像许多欧洲近代国家元首一样，一心要扩大版图。拿破仑引发的战争遍及整个欧洲，达到高潮，其结局是1814年拿破仑战败并被流放到厄尔巴岛。

法国在路易十八的统治下恢复了君主政体，但拿破仑短暂地复辟，于1815年滑铁卢战役中被威灵顿公爵率领的联军彻底击败，随后查理十世继位，直到1830年的一场革命迫使他退位，他的表弟路易·菲力浦继位。路易·菲力浦国王的女儿玛丽·路易丝嫁给了利奥波德舅舅。维多利亚在拉姆斯盖特与她第一次见面时，感到她很有魅力，很欣赏她的雅致的巴黎风范。

尽管路易·菲力浦是个无能的君主，但维多利亚女王对他和他的家人极力予以保护，毕竟他们是亲戚。1843年9月，女王和阿尔伯特造访了路易·菲力浦，这是自亨利八世以来英国君主首次对法国进行国事访问。维多利亚认

维多利亚女王和阿尔伯特亲王出席拿破仑三世和欧仁妮皇后的招待宴会

为这次访问既是国事访问,也是一次探亲。她乘坐新游艇"维多利亚和阿尔伯特号"前往。她在日记中高兴地写道,沙皇会因为她与路易·菲力浦的亲密联系而恼火,因为沙皇并不看重路易·菲力浦。1848年,当菲力浦国王夫妇处境极其危险时,女王向他们提供了庇护。当他们到达白金汉宫时,维多利亚看到他们的境况,吓了一跳。国王夫妇所拥有的一切都失去了。后来他们去了利奥波德住过的克莱蒙特,1850年,路易·菲力浦就在那里去世了。

拿破仑的侄子路易·拿破仑当选为法兰西第二共和国总统。路易·拿破仑和妻子欧仁妮1853年结婚——就是他成为法国皇帝的第二年——也经常造访维多利亚女王。石勒苏益格-荷尔斯泰因事件,使维多利亚女王和阿尔伯特亲王与政府特别是外交大臣帕默斯顿勋爵发生了冲突,后者认为女王的观点受到了家族关系的干扰。这一时期,德国许多较小的邦国陷入了财政困境,各个邦国之间的交流变得更加困难，而强大的普鲁士在弗里德里希二世的统治下，主导了一切。1848 年，当石勒苏益格与荷尔斯泰因两个公国的治理受到质疑时，对统一后的德意志的未来进行规划的机会出现了。阿尔伯特亲王支持建立一个统一的开明的德意志国家，希望石勒苏益格与荷尔斯泰因成为其中的一员。

维多利亚和阿尔伯特在德国有切身的利益，承认普鲁士的权力；他们 9 岁的女儿维多利亚公主嫁给普鲁士王储弗雷德里克王子的计划已经在酝酿之中。然而，英国政府接受帕默斯顿的建议，认为这两个德意志北部邦国的治理权仍应归属丹麦。由于维多利亚坚持听从丈夫的建议，而不是听从外交大臣的建议，加剧了君主和政府之间的不和。

在许多方面，维多利亚已经对阿尔伯特言听计从，阿尔伯特也因此获得了更大的影响力。女王于 1848 年 8 月写给利奥波德舅舅的信中甚至这样说：

> 对我来说，这的确是一种永恒的恩惠，或者说，造物主不可能把比我所爱的阿尔伯特更纯洁、更完美的人送进这个烦恼世界。我觉得如果没有他，我就不能生存，如果不是他的帮助、保护、引导和安慰，我就会沉沦在我现在的位置所带来的困难、苦恼和痛苦中。我真的很感谢您为我们的婚姻付出的巨大努力。

维多利亚女王决心反对政府的计划，导致帕默斯顿暂时下台。帕默斯顿在下议院对女王发表了粗鲁的言辞，被迫辞职，而女王曾试图促成他的被解职。

宪章运动还在发展。维多利亚女王厌恶这场运动，认为许多无辜的工人被无良的好斗的组织者强迫参加这场运动。19 世纪 40 年代，随着工人受到的剥削加重及其工作条件越来越恶劣，这场运动取得了很大的进展。全国各地都在举行集会。1848 年在肯宁顿（Kennington）举行了一次大规模的集会，为女王服务的斯皮塔菲尔德织布工人也参加了，而女王曾穿着这些工人制作的服装举办了普兰塔尼特舞会。

工会运动也登上舞台。1848 年，曼彻斯特的两个德国人撰写了一本倡导革命的手册。弗里德里希·恩格斯（Friedrich Engels）在这座城里生活了一段时间，是他的父亲把他从普鲁士派其在曼彻斯特开设的棉纺厂工作的。这两位德国人——埃门（Ermen）和恩格斯都在这家棉纺厂工作。恩格斯白天管理工厂，晚上写作。其时，他在德国已经认识了一些革命者。他的《英国工人阶级状况》于1845年出版。1847年，他与另一位最终定居英国的德国人卡尔·马克思（Karl Marx）一起组织了共产主义同盟，1848年他们联名发表了《共产党宣言》。

这十年间发生了许多变化。毋庸置疑，维多利亚女王受丈夫的影响很大，这些影响在她在位早期为君主制带来了稳定。但要界定君主的角色仍然很困难。虽然维多利亚竭力做一个善良君主，小心翼翼地维持君主制，但她并不总是在成全自己的事业，而且经常表现出某种政治上的幼稚。

在奥斯本和巴尔莫勒尔购买庄园都是动用私人资金，女王夫

1848年4月10日在伦敦肯宁顿公园举行的最后一次宪章运动大集会，摄影

妇和孩子们会到这里隐居数周，几乎忘记自己的身份地位，尽管仍有人照看文件箱并与大臣们保持着联系。在肯宁顿集会后几个星期，女王出游购物，花1200英镑买了一条祖母绿钻石项链，几个月后又买了钻石项链、胸针和耳环。

第六章　王室家庭

1840年11月21日，维多利亚女王诞下第一个孩子，开启了人生的新阶段。起初，她很失望，因为第一个孩子并不是可以顺位继承的儿子，但她和阿尔伯特很快就成为女儿维多利亚公主（又称"维姬"）的忠实父母，女儿维姬也很快成为家喻户晓的明星。

维多利亚曾说过，怀孕是她"唯一害怕的事情"，因此，在维姬出生后生下更多孩子并没有让她高兴。夏洛特王妃怀孕后的致命结果，像幽灵一样缠绕在女王的童年记忆中，从没有消失。传言说，女王像她的表姐和其他成千上万女性一样，害怕死亡。尽管有这样那样的担心，维多利亚还是决定在第一次怀孕和生育全过程中保持坚强姿态，不让怀孕和生育太多干扰自己的生活；在怀孕后期的几个月里，当她在宴会上跳舞或站立时间过长时，人们都认为她很傻。

怀孕第十八周时，年轻的爱德华·奥克斯福德在宪法山对她进行了一次暗杀，阿尔伯特亲王担心她和孩子的生命受到威胁。以当时的时代背景和社会地位来说，阿尔伯特亲王在妻子的分娩过程中担当了一个体贴丈夫的角色，所有孩子出生时他都在场。在位女王在怀孕期间应该如何生活和工作，并无先例可循。尽管有丈夫的支持，女王的工作负担仍然很重，责任也很重大。

国事、国际交往、帝国的扩张、招待客人、接待外国代表团、首相更迭、政府轮替，这些都必须优先于她作为妻子和母亲的事务。

因为年轻，体力好，女王的第一次怀孕没有出现任何问题。当然，与当时大多数妇女不同的是，她拥有最好的产科护理，这对她能保持坚强、充满信心大有帮助。女王的内科医生詹姆斯·克拉克爵士虽然因为卷入弗洛拉·黑斯廷斯丑闻而内心不安，而且自认为专长不在妇产科，但仍然同意全程照料女王分娩。

特别指定的产科团队成员包括：首席助产士劳考克医生（Dr. Locock），他认识到助产的重要性，并在伦敦的圣巴托洛缪医院执业；国王学院医院产科教授、威斯敏斯

维多利亚女王和阿尔伯特亲王合影，罗杰·芬顿摄于1854年（对页）

查尔斯·劳考克爵士，女王的首席医官

特医院的弗格森医生（Dr. Ferguson），以及女王的产期看护莉莉夫人（Mrs Lilly）。女王的九次分娩都由她们三个协助完成。

怀孕期间的着装是另一个问题。私下里，女王会穿上宽松的衣服，就像穿了睡衣一样，但在正式场合，会穿紧身衣，随着时间的推移，服装逐渐宽松下来。晚年，维多利亚女王对孕妇（通常是她的孙女）穿紧身衣凸显身材的时尚做法表示反感。

王位继承人出生时，维多利亚对宫廷礼仪进行了一次审视。她决定打破传统，没有让一众官员到产房里去见证王储的诞生，而坚持让坎特伯雷大主教、伦敦主教、内阁大臣和詹姆斯·克拉克爵士在前厅等待消息，两个房屋之间的门敞开着。尽管有专业人员协助，分娩还是尽量减少干预，自然进行。距离预产期还有两周的那天夜里，在维多利亚身边熟睡的阿尔伯特亲王被一个待产迹象惊动，立即叫来医生和莉莉夫人。女婴安全分娩后，詹姆斯·克拉克爵士从前厅敞开的大门走进来，把公主抱到等候的政要们面前。

维多利亚女王极力排斥母乳喂养，于是安排了一位奶妈。但由于分娩时间过早，不得不匆匆把她找来。奶妈来自怀特岛，是考斯地区（Cowes）一个医生的妻子，她因这项服务获得了1000英镑的报酬和每年300英镑的终身年金。劳考克医生得到的报酬是1000英镑，弗格森医生得到了800英镑。莉莉夫人和维多利亚女王建立了亲密关系，并长期保持。她最后一次与女王见面时已是80岁高龄。

照顾新生儿是护士们的职责，她们每天带公主去见母亲两次；女儿六周大的时候，维多利亚只看过她两次洗澡。对自己第一胎没有生下男孩的失望情绪很快消散了，维多利亚女王1840年12月15日给利奥波德舅舅的信中写道：

> 我很好，在家里走来走去，好像又找回了自己。我们22日要去温莎城堡，那里将使我安定下来。你的小孙女非常健壮；她每天都在

健康、体力——还有，我必须加上一项——美貌方面有很大提升；我想她会像她最亲爱的父亲一样的。

利奥波德很高兴得知外甥女平安分娩，身体健康，这与夏洛特公主产后的悲惨结果截然不同。他回信道："在一个美好的大家庭的氛围里……你将成为一个快乐的，也令人愉快的妈妈……"

尽管第一次分娩很轻松，但对维多利亚而言，像对许多母亲一样，生育毕竟是经历一场磨难。正在这个时候，她的爱犬达什死了，这是她童年时期的好伙伴，而在产后失去这个伙伴更让她痛苦。女王的亲密朋友达什被安葬在她亲自挑选的大理石纪念碑下。

维多利亚公主3岁时，女王为其画的像。

可能是因为女王疲惫不堪，加上阿尔伯特亲王的身份问题仍未解决，夫妻俩的关系有些紧张。莱岑女男爵的出现，以及她自认为必须像照顾母亲一样照顾新生儿的想法，使气氛更加紧张。由于莱岑和阿尔伯特互相怨恨，所以一旦她离开宫廷，阿尔伯特和女王之间的关系有所改善也就不足为奇了。

上层阶级使用奶妈，意味着母亲无须亲自哺乳。加上维多利亚和阿尔伯特之间的爱满是激情，性交频繁，1841年春天，也就是维多利亚公主出生后仅四个月，女王又怀孕了。

可能是由于惯见的产后抑郁症，也可能是因为精疲力竭或受了惊吓，女王对自己这么快再次怀孕感到不悦，因此整个孕期一直情绪焦虑。她担心早产，也担心大女儿的健康，因为孩子经常生病。

1841年11月9日上午，在经历了漫长而痛苦的分娩后，维多利亚生下了一个健康的大男婴。当时，坎特伯雷大主教和其他政要并没有等在前厅，可能是因为阿尔伯特亲王给他们送去消息太晚了。这个男孩，即后来的威尔士亲王，取名阿尔伯特·爱德华（家人一直叫他伯蒂）。他取代姐姐，成了王位继承人。

结婚仅仅21个月，一年内生下两个孩子，让维多利亚女王非常苦恼。她

第六章　王室家庭

1842年，威尔士亲王阿尔伯特·爱德华的受洗仪式

和阿尔伯特都不希望有一个大家庭。现在，女王对怀孕和分娩的厌恶已经广为人知。这个时期产生的疲惫和抑郁需要相当长的时间才能化解。

年轻的家庭

在随后的九年中，维多利亚女王平均每18个月就怀孕一次。在1840年11月至1850年5月间，她又生下了七个孩子。所有的孩子都是顺产，而且孩子们都顺利地度过了童年，对于一位19世纪的母亲来说，如此壮举并不多见。维多利亚女王的前七个孩子是：

维多利亚公主（Prince Victoria，维姬），1840年11月21日；

阿尔伯特·爱德华王子（Albert Edward，伯蒂），威尔士亲王，1841年11月9日；

爱丽丝公主（Princess Alice），1843年4月25日；

阿尔弗雷德王子（Prince Alfred，阿菲），爱丁堡公爵（1866），萨克森－科堡－哥萨公爵（1893），1844年8月6日；

海伦娜公主（Princess Helena，连琴），1846年5月25日；

路易丝公主（Princess Louise），1848年3月18日；

亚瑟王子（Prince Arthur），科诺和斯特拉西恩公爵（1874），1850年5月1日。

所有这些孩子的出生，都是在没有后来那些辅助手段的条件下进行的，而后来的妇女几乎理所当然地享受到辅助生育手段。维多利亚女王在1853年4月7日生下第八个孩子——奥尔巴尼公爵利奥波德亲王殿下（1881年获封）时，服用了氯仿止痛。女王因此在引导公众关注妇女生育痛苦方面发挥了作用，因为她的这个行为引发了激烈的争论。1857年4月14日，维多利亚和阿尔伯特最小的孩子——贝特丽斯公主（Princess Beatrice）出生。

这个庞大而健康的家庭为女王和亲王提供了他们各自童年无法得到的幸福和安全感。维多利亚决定，由她的丈夫担当一家之主，因此他的一言一行都至关重要。两人一起精心地挑选看护人员，为育儿室配备了设施，不遗余力地监督孩子们的教育，不吝花费，注重细节。1898年，由"女王陛下的一个仆人"写的一篇关于维多利亚女王生活的精彩记录中，对这些人们关注的情况做了详细的描述：

> 当女王的孩子们来到这个世界上时，为了使他们能在生理上和身体上适应其出生时的地位，尽管女王深爱孩子们，也会立刻在育儿室里实施最严格的纪律。她的一位最年长的朋友和最重要的顾问总是说："育儿室给我带来的麻烦比王国政府还要多。"

育儿室是接替了莱岑女男爵位置的利特尔顿夫人（Lady Lyttelton）的领地。她一开始监管着一大批护士，后来变成保姆，再后来则是奶妈兼家庭教师。女王和阿尔伯特经常不在或忙于工作，无法见到孩子们，但他们依然对孩子们尽心尽力。复位后的肯特公爵夫人也是如此，自从约翰·康罗伊爵士离开后，她成功地重建了与女儿的关系。她现在住在温莎城堡附近的弗罗格摩尔宫，并迅速担当起一大群孩子的外祖母的角色。当重新设计温莎的公寓时，维多利亚女王坚持认为，教室应该靠近她的起居室。但卫生设施却不尽如人意：当女王的卧室上方安装一个新盥洗室时，废物流进了敞开的下水管道。

尽管维多利亚和阿尔伯特希望孩子们在成长的过程中能够清楚自己的身份地位，但同时也希望孩子们能够远离宫廷生活的奇幻，而多过个人生活。维多利亚很乐意由阿尔伯特来实施对孩子们的教育。亲王和斯托克马尔一起为年轻的王子和公主们聘请家庭教师。但他们一致认为，每个孩子都应该清醒地认识自己的命运，尤其伯蒂，作为王位继承人有朝一日会成为国王。维多利亚和阿尔伯特也希望他们的孩子在成长过程中能得到一定程度的自由，不至于偏执和狭隘。

女王夫妇很早就开始计划孩子们的婚事，在欧洲各地为他们寻找未来的妻子或丈夫。长公主刚4岁，父母就已经为她与普鲁士国王的儿子达成初步婚姻意向。他们的计划取得了成果，除了路易丝公主选择嫁给英国贵族外，其他孩子都在欧洲各国王室找到了合适的配偶。路易丝公主的丈夫是洛恩侯爵（Marquis of Lorne），就是后来的阿盖尔公爵（Duke of Argyll）。

"寡妇萨拉"，利特尔顿夫人

维多利亚女王和她最小的孩子贝特丽斯，摄于1860年（对页）

磨　合

由于连续不断的怀孕生产，到19世纪40年代后期，关于女王身体状况的种种猜测和流言蜚语多起来：她是不是又怀孕了？这让女王非常恼火。渐渐地，阿尔伯特的矜持性格开始影响到了女王原本的外向性格，女王对这些有关她的猜测和谣传也会大发雷霆了。而且，尽管有幕僚的帮助、阿尔伯特亲王的支持和自己年轻精力旺盛，她还是苦恼，担心怀孕使她无法充分享受婚姻的快乐。这一点，以及阿尔伯特缺乏一个能让他感到生活充实的位置，再次造成夫妻间的矛盾。

女王经常会情绪低落或感到精疲力竭，夫妻因此经常发生争吵。女王即位

维多利亚、阿尔伯特和他们的五个孩子

萨克森－科堡的欧内斯特公爵

后，宫廷里人们都在仔细观察她，看乔治三世的精神状态在她身上有没有遗留。在弗洛伊德时代之前，人们对分娩引起的疲劳和抑郁症并不十分了解，而他们面前的这个女人不仅是一个母亲，而且是一个在位君主，恰恰是这一事实并没有得到认真对待。

随着岁月的流逝，希望和平相处而不是争吵的阿尔伯特亲王渐渐学会如何迁就妻子。起初，他经常当着仆人的面，用日耳曼腔调的英语大声争吵，随后会以写信的方式与妻子和解。但有时候，他也相当执拗，如，当他作为庇护者或总裁参加晚宴时，女王会差人来叫他。整个宴会期间，宾客们会惊奇地看到三个不同的传令官连续不断带来女王的字条，要求他立即回家，但他却不予理会。尽管有这些摩擦，他们的婚姻仍然是一段充满激情的、彼此忠诚的婚姻。

但是，很显然，阿尔伯特亲王在结婚初期是很孤独的。也许是为了慰藉孤独并作为一种念想，1842年，他在白金汉宫庭院内以故乡图林根的木屋为参照建造了一座小木亭，借以怀念科堡的岁月。他委托艺术家对亭子内部进行了装饰。

离　别

1844年2月，阿尔伯特亲王的父亲、萨克森－科堡的欧内斯特公爵去世，阿尔伯特回到科堡。这是他离开罗森瑙城堡到英国结婚后第一次返回家乡，这也是维多利亚和阿尔伯特结婚后第一次离别。他们非常想念对方，每天都会给对方写信，无法克制思念，殷切期待重逢。现在，日常生活中，他们不仅共用一间卧室，而且在白金汉宫和温莎城堡里，两张书桌紧挨着摆放。欧内斯特公爵的去世，意味着宫廷里要进行悼念活动，使用大量黑纱，这对周围不理解阿尔伯特和维多利亚所经历的悲痛的人们来说，显得有些过分。公爵并不是一个慈爱的父亲。他与妻子离婚，使孩子们失去了母亲的关爱，而他自己却继续在大城市的繁华街巷过着放荡不羁的生活。当阿尔伯特与维多利亚结婚时，他甚至还索要钱财作为安置费。

阿尔伯特亲王与父亲的关系不是特别好，维多利亚女王也几乎不认识这位叔叔。新任公爵，也就是阿尔伯特的哥哥欧内斯特，与阿尔伯特的性格不同，也已经在效仿他父亲的生活方式了。但是，阿尔伯特和维多利亚都在老欧内斯特公爵去世时哭个不停。也许，维多利亚写给利奥波德舅舅的信中描述的一个插曲，为女王后来失去最亲近的人时的表现提供了线索：

> 上帝给我们巨大的压力；我们感到被压垮了，被淹没了，被一位我们深爱的人，我敢说，也是被他的孩子和家庭所爱的人的离去压垮了……这样的人，我们再也见不到了。我们最悲伤的时刻可能过去，现在，我才知道什么是真正的悲痛……事实上，一个人喜欢纠缠在自己的悲痛中……如果你知道让阿尔伯特离开我对我来说是做出了多么大的牺牲……我从来没有和他分开过，哪怕是一个晚上，一想到这样的分离就觉得很恐惧……

氯仿和愤怒

1850年，亚瑟王子出生，近三年后，又一个孩子出生了，就是1853年4月出生的第四个儿子利奥波德王子。对女王来说，利奥波德的出生意义重大，因为这是她第一次在分娩时使用氯仿（三氯甲烷，有麻醉作用）。

即使在七次分娩后，女王仍然觉得分娩非常痛苦，并打算不再要孩子了。从1842年开始，医生使用乙醚作为手术和拔牙的麻醉剂。在这之前，分娩的痛苦只能由产妇忍受，没有止痛药。1847年，爱丁堡的詹姆斯·辛普森医生（Dr. James Simpson）已经意识到乙醚对缓解疼痛的积极作用，但是担心乙醚会对病人的喉咙产生不良影响。其他医生也在做实验，他们自己吸入了氯仿，发现它

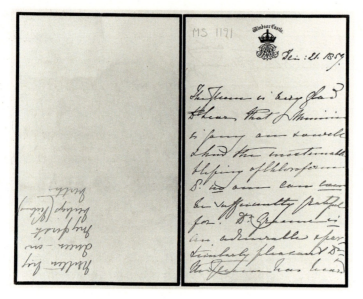

维多利亚女王1859年12月21日所写有关使用氯仿的信

能缓解疼痛而不伤害喉咙。随后,辛普森医生在一位产妇身上使用了乙醚,并对其减轻疼痛的方式印象深刻。

3年后,1853年,维多利亚女王决定在自己第八次分娩时使用氯仿。

1859年,维多利亚写有一封关于使用氯仿的信,其中说:

> 在分娩的最后一个小时里,将少量的氯仿放在手帕上,吸气,此时还保有知觉,接受适量的氯仿可以减轻这种人间最大的痛苦。

女王在分娩时使用氯仿,让女性所受的痛苦引起公众的关注。1857年4月14日,女王生下贝特丽斯公主时,并没有被喧嚣的舆论吓倒,再次使用了氯仿。这种后来被人们称为"皇家麻醉剂"的药品,现在已经被广泛使用了。女王公开使用氯仿,以至于查尔斯·狄更斯于1857年6月发表在《家常话》杂志上的文章《最好的权威》中也提到了这件事。维多利亚的传记作者伊丽莎白·朗福德指出:"可以说,维多利亚女王对她的人民的最大恩赐是拒绝接受分娩时的痛苦,打破了女人命中注定要受分娩痛苦的观念。"在爱丁堡,为了纪念辛普森博士的开创性工作,至今还矗立着辛普森妇幼纪念亭。

血友病

利奥波德王子一直体弱多病,让父母十分担忧。有时,女王夫妇对孩子的笨手笨脚很是恼火,看见他无数次摔倒在地后尖叫,总责怪他脾气不好。长大后,孩子摔倒导致四肢扭伤,皮肤更容易擦破,尖叫的次数也比大多数孩子多。4岁时,利奥波德已经对自己常常摔倒和给父母惹麻烦感到尴尬。父母有时会打他,作为对他的一些行为的惩罚。他的关节僵硬导致他有时摔倒后无法行走。

虽然父母和周围的人都很担心利奥波德,但大家一开始更担心的是他的行为举止,而不是他可能有什么疾病。直到他6岁那年,血友病这个可怕的名词才被提出来。当时,这种病还鲜为人知,二十年前刚刚被注意,主要是德国人做了一些研究。这种病可能危及生命,主要症状是血液丧失凝血功能,是由遗传性的染色体缺陷引起的。1853年,英国王室中出现了这种疾病。

现代遗传学研究成果告诉我们,血友病携带在X染色体上,X染色体是决定性别的一对染色体之一,女性可以成为血友病的携带者,但只有男性才会患病。女性携带者有50%的概率将血友病传给后代,要么传给儿子发病,要么传给女儿使其成为携带者。研究表明,维多利亚女王本人是通过自己的细胞结构突变获得的,因为没有任何迹象表明祖先遗传给她这种疾病。19世纪中叶,人们对血友病的了解仅限于知道它是遗传性的,而且女人不会得这种病,但可能会把它传给儿子。夏洛特·泽普瓦特(Charlotte Zeepvat)在为利奥波德亲王所写传记中说,维多利亚女王对这一灾难性的消息并不知情,因为她的女儿们将到适婚年龄。但阿尔伯特亲王可能已经知晓。正是维多利亚和阿尔伯特的女儿们将血友病引入了欧洲王室。

发现儿子的病症及其未来后果,对维多利亚和阿尔伯特的打击是毁灭性的。这种

兰西尔爵士作利奥波德王子画像

维多利亚女王所绘《阿塔莉的悲剧》中的场景

病对家族未来几代人都会产生巨大影响。到 1860 年,患血友病男孩的前途一片黯淡,十岁前死亡率高达 50%,能活到成年的概率很小。而血友病患者的护理工作,在还没有凝血治疗的年代,也是非常困难的;出血可能会危及生命,必须用包扎绷带来控制。但真正的危险是跌倒导致内脏损伤,可能致命。

维多利亚女王很难接受儿子患了这种疾病,有时,她还会因为儿子摔倒或走路一瘸一拐而生气。这个孩子是几个儿子中最聪明的,比他的长兄威尔士亲王有灵气。女王对孩子有这样的缺陷极其失望。孩子受不了冬天的寒冷,女王和阿尔伯特同意他去国外生活。因此,即使年幼,他也会在冬天到法国南部地区,有家庭教师陪同,以监督他的教育,帮助他锻炼身体,增强体质。适应孩子的疾病,满足他的智力需求是一件很复杂的事,尽管如此,利奥波德还是顽强地长大并结婚,并且有了自己的两个孩子。

血友病在维多利亚和阿尔伯特的直系亲属中的影响持续了几代人,具有毁灭性。在九个孩子中,利奥波德王子是血友病患者,女儿爱丽丝公主和贝特丽斯公主都是携带者。爱丽丝公主与黑森 – 达姆施塔特(Hesse-Darmstadt)大公路易四世结婚,生下 7 个孩子,两个女儿是携带者,一个儿子患病。两个女儿中的小女儿阿利克斯(Alix)嫁给俄国沙皇尼古拉二世,儿子亚历克西斯(Alexis)因血友病致残。

贝特丽斯公主有两个血友病儿子,女儿维多利亚·尤金妮亚(Victoria

Eugenie）的女儿是携带者。尤金妮亚嫁给了西班牙国王阿方索（Alfonso）十三世，生育五个儿子，其中有一个在婴儿期就死了，可能死于血友病，而阿方索十三世和贡萨洛（Gonzalo）也死于血友病。也就是说，维多利亚女王和阿尔伯特亲王共有七个孙辈是血友病患者或携带者。

家庭生活

尽管怀孕过程中存在着种种困难和干扰，但迅速扩大的家庭也给维多利亚和阿尔伯特带来了安全感和快乐，还为越来越多的中产阶级树立了榜样。由于印刷和摄影技术的发展及大众报刊的兴起，王室的新闻不断见诸报端，使他们成为第一批被拍照和公开报道生活状态的王室成员；有时，这对他们来说可能不利，因为公众借此瞥见他们的生活方式——他们的生活是富裕的、多彩的。维多利亚和阿尔伯特还委托当时的大艺术家和众多匠人创作了许多王室、家庭和个人的肖像画，以装饰家中的墙壁。

17 年内生下 9 个孩子的维多利亚，将成为欧洲王室的女主人，因为她的儿子女儿、孙子孙女和曾孙辈与欧洲大陆各国王室通婚：英国的权力和影响力在没有发生任何流血冲突的情况下增加，只有一点美中不足，就是血友病的威胁。但是，一个不断增长的家庭，以及维持这个家庭运营的众多工作人员需要更大的空间。1843 年，女王夫妇开始感觉到白金汉宫和温莎城堡的住宿条件的不便。

增加王室供应的要求提交给了议会，主要是扩大和修缮建筑物。这对王室的受欢迎程度并没有提升，因为当时英国许多人都受到棉花业萧条的影响，而爱尔兰已经开始面临马铃薯饥荒。直到 1846 年，查德威克的公共卫生报告发布后，议会才同意给维多利亚女王两万英镑，用于修建育儿室和教室，并对卫生设施进行改造。

女王自己的居住环境总是兼有奢华和舒适，因为她是一个爱好广泛的收藏家。从她在房间里拍摄的照片可以看出，她坐在无数的绘画、照片、雕塑和装饰品之间。晚年，她经常花时间整理自己的宝贝。她也发展了极具个性的女性化服饰风格，定制有大量褶子的裙子，私下里，她穿的是薄薄的带很多褶子的

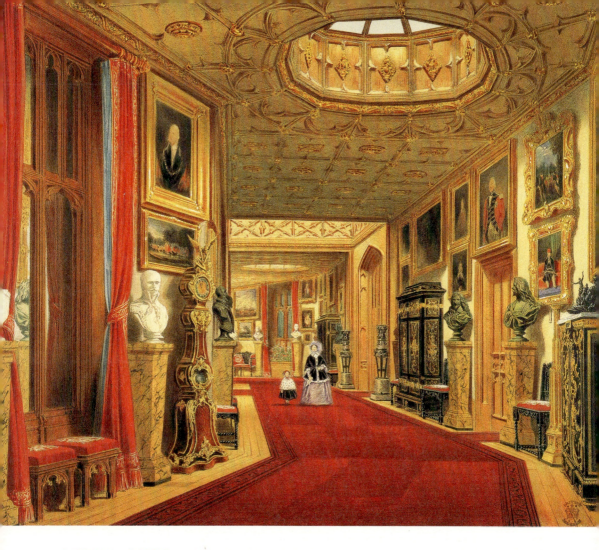

女王和她的一个孩子沿着温莎城堡东廊道行走，J. 纳什（J. Nash）绘，1848 年

礼服。她对帽子的喜爱是很有传奇色彩的，因为她在不同的场合会戴上不同颜色的帽子。常常，阿尔伯特显得更高大和更风流倜傥，因为女王越来越丰满，衣服也越来越宽松飘逸。

女王和阿尔伯特亲王经常会在结婚纪念日、生日和圣诞节送给对方特制画作和照片，孩子们也会为父母做一些纪念品。在特殊的日子还会举办舞会，并摆出桌子来展示礼物。虽然阿尔伯特亲王在艺术协会的朋友亨利·科尔于 1843 年设计了第一张圣诞贺卡，但在德国已经很流行的装饰圣诞树在英国却还少见。19 世纪 40 年代中期，阿尔伯特亲王在圣诞节推出了一棵用蜡烛和饰品装饰的针叶松树，从而在英国掀起了一股新时尚潮流。家中的圣诞晚餐由烤火鸡、鹅和牛肉组成。到 1860 年，当儿子女儿和孙子孙女一起庆祝圣诞节时，厨房里的工作人员就会忙着准备大量的食物，不仅要为家人，还要为整个宫廷人员准备,大火烤多达50只火鸡和一份重达160千克的牛肉,而"温莎肉酱"则是用37千克的醋栗、27千克的橙子和柠檬皮,以及24瓶白兰地制成。

受19世纪40年代涌入英国的法国厨师的影响,典型的圣诞晚餐包括烤英式火鸡——火鸡内填小牛肉,用黄油纸包好,涂上条纹状培根,裹上黄油纸,放在火上烤,吃的时候配上炖栗子、猪肠和酱汁,再配上萝卜、芽菜和西红柿。还可以配上鹅肝酱:用黄油煎的鹅肉馅,配上欧芹、洋葱、芹菜、胡萝卜和雪莉酒。甜品是李子布丁,配德国吉士丁酱。

温莎城堡和白金汉宫都有大厨房,要供应如此庞大的家庭的膳食、国宴和工作人员用餐,厨房的规模不得不如此。女王的一位仆人这样描述温莎城堡的厨房:

1848年王室成员在圣诞树前聚集,刊载于《伦敦画报》圣诞增刊

> 一进门,先映入眼帘的是百余个擦得发亮的铜器,形状各异,都像海绵浴盆一样大,挂在墙壁上,像一百万个太阳透过伦敦的硫黄般的浓雾。
>
> 下一个让人赞叹不已的厨具是巨大的"上菜"桌,比许多郊区住宅的花园还要大……这里有足够的空间供戴着白帽子、围着围裙的男厨子们熙熙攘攘地走来走去,还有六个肉案,每个都有一张大餐桌那么大。

一个大的开放的炉子用来烤圣诞晚餐用的大块牛肉、家禽和为女王特别准备的野味。房子中间是一张大铁桌,桌子的架子是空心的,以便于加热,其原理就是把蒸汽抽进桌子里,作为热食器盛放菜肴。后来引进了煤气炉,主厨在炉子上烹调菜肴,面案在另一个房间,蔬菜在"绿房"准备,甜点师也有单独的房间。整个厨房就像有一支庞大的军队在不停地来回奔跑,金属碰撞,热气和蒸汽涌动,空气中弥漫着令人垂涎欲滴的香味。随着女王统治时期的延长,食物保存技术的进步——盐渍、罐头和冷藏——意味着食物可以从帝国各处运来,为女王、她的家人和英国人享用。

在所有这些劳作的中心,是这位身材娇小的女人,享受食物的同时,也常为自己发胖的身材苦恼。她曾试图通过减少甜点和啤酒的摄入量来减肥,但都不太奏效。

新住宅

那个时代,除了上流社会的人去欧洲各地旅游或外出参加家庭聚会之外,离开家乡外出享受生活是闻所未闻的事情,这种状态直到铁路发展起来和托马斯·库克先生的旅游项目开展后才有所改变。几个世纪以来,君主们一直在旅行,整个宫廷和王室成员从一个大房子或城堡到另一个大房子或城堡,往往一住就是几个月。民众借此机会一睹君王的风采。

1842年,维多利亚女王和阿尔伯特亲王决定访问苏格兰。由于当时火车线路只开通了一部分,所以大部分的行程都是在两名船夫的陪同下,乘坐老式游艇"皇家乔治号"(Royal George)完成的,全部行程长达三天。自斯图亚特家族统治以来,维多利亚女王是除了她的叔叔乔治四世之外,第一个到过那里的君主。

女王夫妇一到苏格兰高地,立刻对这里产生极大好感;维多利亚喜欢这里的自由和开阔,喜欢清新的空气和丰富的色彩,而对阿尔伯特亲王来说,这里的乡村景色让他想起心爱的图林根地区,到处都是水杉树,地形也很有天然野趣。这次他们没有停留很久,但后来的访问使维多利亚和阿尔伯特对苏格兰产生了深深的好感,尤其是这里远离伦敦的喧嚣,人们显得十分友好和放松。他们回到英国后,发现英国民众对君主缺席宪章运动的示威活动表示不满。第二年,他们不顾劝阻,前往怀特岛——维多利亚女王在19世纪30年代曾与母亲一起到访过该岛,当时她喜欢在海里玩耍,在狭窄的小巷里散步,在轻松的气氛中徜徉。就在这次访问期间,维多利亚和阿尔伯特拟定并开始实施购买庄园的计划,他们看中了一座破旧的房子"奥斯本"。

苏格兰让阿尔伯特怀念德国,而怀特岛则让他联想到地中海。亲王和维多

帆船驶向怀特岛

利亚将在这里为他们的家庭重现图林根岛和文化底蕴深厚的意大利风情。这里距离伦敦和温莎相对较近,他们将会有足够的私密空间来放松和享受他们认为是"正常"的家庭生活,远离白金汉宫和温莎城堡的压力和束缚。不过,首先,他们必须自行筹措资金;政府拨款修缮了白金汉宫,但不会资助这样两处供私人享用的奢华的乡间度假别墅。

奥斯本

奥斯本庄园本属于伊莎贝拉·布莱奇福德夫人(Lady Isabella Blachford)。她于1844年2月以3万英镑的价格将其投放市场。又一次怀孕的维多利亚把谈判和购房前的考察工作交给了阿尔伯特亲王。事实证明,阿尔伯特亲王是一个善于讨价还价的商人。他们都很快意识到,现在的房屋对他们的家庭来说太小了,只有十六间卧室,要容纳家庭成员、宫廷服务人员和客人显然不够,必须扩建或拆除重建。当时与伦敦的大牌设计师和建筑商交好的阿尔伯特,渴望有自己的建筑项目,并在脑海中构想出了一个可以俯瞰考斯湾(Cowes bay)和索伦特岛外海的大别墅,相当于他自己记忆中的那不勒斯湾。这些曾在意大利深度旅行过的设计师会同客户将简洁的线条、柱廊、柱子和拱门引入别墅和广场,对维多利亚时期的建筑产生了很大的影响。

与此同时,维多利亚女王决定盘活一部分资产。她厌恶乔治四世在布莱顿建造的亭台楼阁,1837年她访问那里时发现,亭阁的东方风格和内中家具太过浮华奢侈,不符合她的品位。以前,这些建筑有助于布莱顿成为一个繁荣和雅致的度假胜地,但如今,随着周围的建筑拔地而起,站在阁楼上已不能看到海景。维多利亚女王决定将其关闭并出售,所得收益用于购买奥斯本的200英亩(0.8平方千米)土地。1850年,当她提出拆除计划时,布莱顿居民纷纷抗议。结果,居民以6万英镑的价格购买了亭阁,作为公用设施。因此,奥斯本庄园是用女王自有资金购买的,没有动用公款。

购买奥斯本庄园的谈判中,女王夫妇没有按标价支付,而是与伊莎贝拉夫人达成协议,先以1000英镑的价格租下该房产一年,然后以28000英镑买下。

1844年10月,他们搬进新居。维多利亚对新家很满意,对利奥波德舅舅说:"这是个非常舒适的小房子,而且环境和位置都很好,很私密,风景也很美。"

但房子也很拥挤,厨房不够大,糕点师们不得不使用附近东考斯

W. H. 霍曼(W. H. Homann)为奥斯本房屋内饰设计的图案

1850 年女王全家在奥斯本

地区的面包师的烤箱。在接下来的几个月里，他们考虑对房子进行改造和扩建，最终决定拆除现有的房子，另绘蓝图，这样造价反而更低。维多利亚和阿尔伯特还决定在庄园周围多买些土地，以便拥有农场，也使整个工程更加经济实惠。最终，他们在怀特岛拥有的土地是 1500 英亩（约 6 平方千米）。

女王和阿尔伯特亲王没有聘请协会的建筑师负责这个项目，而是聘请了建筑大师托马斯·库比特，这让刚刚成立不久的英国皇家建筑师协会感到苦恼。库比特是维多利亚时代的企业家，负责伦敦市中心和布莱顿的很多精美住宅的设计。通过引入预测性建筑的概念，他能够将整条街道和广场整合为他的房产项目的地盘。他的另一个创新之处是亲自雇用相关行业商户和专业人员，组成一个整体。

库比特在伦敦的贝尔格莱维亚（Belgravia）、皮姆利科（Pimlico）和克拉帕姆（Clapham），在威斯敏斯特公爵拥有的土地上，以及在布赖顿的坎普镇建造的有巨大露台的灰泥粉刷的住宅，至今仍是优雅而又抢手的房产。当被聘到奥斯本工作时，库比特已经因其知识渊博、有礼有节、善于建造宏伟规模的建筑而名声大噪，备受尊敬。阿尔伯特亲王希望建造一个地中海式的度假胜地的愿望并不罕见，因为意大利古典主义在 19 世纪中叶迅速成为一种非常时尚的

第六章　王室家庭

建筑风格，上层阶级在新郊区建造房产呼应了这种趋势，地产商们迅速开发别墅，试图效仿库比特的成功。

奥斯本庄园内王室成员使用的房间很快进入修缮阶段，主楼建造蓝图也开始绘制。主楼必须包括国务活动用房、私人住所、儿童房、厨房，都必须有供暖和排污系统。维多利亚女王亲自参与1845年6月23日为新建筑奠基的仪式，标志着建筑工程正式开工。库比特监督施工，砖块在现场制作，木制件和金属品则从伦敦运来。房子四周是庭院，主体建筑是一座三层楼，大窗户，顶部有旗亭，可以俯瞰海湾。从亭子里出来，有走廊通向住宅楼。

建筑采用意大利风格，屋顶平坦，差不多是威尼斯式的塔楼，带简单的拱形窗户。意大利式房屋的窗户一般很小，为的是遮挡热气和阳光，而在黑暗、寒冷的北欧，窗户应该开大，最大程度让阳光进入，并让人看到大海和周围的美妙景色。房屋虽然用砖砌成，但为了看起来更具意大利风，又用沙色的水泥进行了装饰，看起来有巴斯石的效果。主入口大厅使用了波特兰石。库比特为提高建筑的防火性能，用水泥而不是木头做踢脚线，木质地板则用金属和地砖打底。由于壁炉不能带动这样大的建筑取暖，采用了中央供暖系统；管道铺设在地下，注入热水，由此产生的热气通过管道和烟道送到各个房间。

巨大的走廊和通往上层露台的一个豪华而优雅的楼梯，让维多利亚女王很满意。她曾强调，她非常喜欢克莱蒙特的巨大楼梯，而那是利奥波德舅舅在英国居住时的住宅。阿尔伯特要求库比特将其精确地复制下来，并于1846年3月建造在住宅里。

女王此时怀着第五个孩子海伦娜。她对进行着的一切很兴奋，迫不及待地希望完工。因为有人已经暗示会去拜访。住在附近的一些人，如住在诺里斯城堡的阿德莱德王后，也声称要来看看。人们已经在计划着举办家庭聚会了。女王肯定会有足够多的装饰华丽的房间来招待他们。

随着房屋主体成型，装饰师们开始涂抹油漆。大走廊由阿尔伯特亲王设计，德国德累斯顿的路德维希·格鲁纳（Ludwig Gruner）被请来，为其做意大利文艺复兴时期风格的装饰。精致的蓝色和橘色，以及飞檐上的红色、深蓝和金色的简约几何图案，给人一种高大透亮的感觉，前后花十几年时间才完成。在大走廊的入口处，由马修·迪格比·怀亚特（Matthew Digby Wyatt）设计并由敏

奥斯本的瑞士儿童小屋

顿公司制造的瓷板，镌刻拉丁文 Salve 字样，迎接宾客。沿着走廊做了拱形的壁龛，随后许多年，这些壁龛为维多利亚和阿尔伯特及其子女的无数雕像提供了摆放空间。由于枢密院要在宅邸中开会，女王也要在这里接待非官方的来访，所以主楼里有一个议事厅和报告厅，人们可以通过走廊从亭子里进入。

亭台内的三个主要房间——台球室、客厅和餐厅相互连接。每个房间都用大理石的柱子、花卉楣饰和彩色边框装饰得十分华丽。阿尔伯特可以从客厅的巨大的主窗看到那不勒斯湾，从平缓的山坡上俯瞰海湾和索伦特河的对岸，向着朴次茅斯（当时是一个小镇）的方向，那不勒斯湾的景象完整呈现。从这里，维多利亚可以看到她的海军军舰离开港口，又在斯皮特海德港（Spithead）停泊。

房间里挂着许多绘画作品，有的是女王夫妇购买的，有的是委托绘制的。1849 年维多利亚女王 30 岁生日的时候，餐厅的墙上挂着一幅温特哈特的巨幅油画，画中的家族成员都是温特哈特的家人。大餐桌可以容纳家人和客人就餐，厚重的餐边柜用来摆放和盛放食物。通常情况下，如果天气好，早饭在露台上吃，其他时间在餐厅里吃。桌球室里有一张巨大的桌子，"大理石"彩绘桌腿，上面的花纹和灯饰都是由阿尔伯特亲王设计的。这个房间被用作绅士们的休闲室，虽然维多利亚女王经常也会和王室成员去打台球。

楼上，是供不断扩大的家庭成员住宿的房间，有育儿室、卧室和教室，还有专门为孩子们准备的厨房。小的扶手椅和桌子都是特别定制的。维多利亚有自己的起居室，阿尔伯特在这里也有自己的书桌，还有一个更衣室；阿尔伯特自己有一个起居室、写字间和独立的浴室。查德威克关于王室卫生条件的报

阿尔弗雷德·丁尼生勋爵，
朱莉娅·玛格丽特·卡梅伦
（Julia Margaret Cameron）绘

告促使阿尔伯特亲王查看了屋内的盥洗室和自来水。马桶被用上了，但每天都需要清洗。为了避免这种情况，阿尔伯特亲王指示库比特修筑一个排水沟，将污水排入大海。后来，阿尔伯特亲王又改了主意，建起粪坑，把粪便用在田里做肥料。浴室是新的，他们每个人都有一个深色的长方形铜制浴缸，被涂成类似白色大理石的颜色。阿尔伯特的浴室也有一个淋浴间和厕所，维多利亚女王的卫生间则隐藏在更衣室的一个大柜子里。他们的房间里都挂着孩子们的照片，甚至还用了婴儿脚型石膏件。女王的卧室是和阿尔伯特共用的，里面有一张大床、沙发和椅子，也挂着很多他们的藏画。每扇门的上方都雕刻着花体字母 V。1846 年 9 月，女王一家终于搬进了新宅。阿尔伯特亲王以他严肃的、日耳曼式的方式，用马丁·路德的祈祷词祝福了它。他们都被眼前的一切迷住了。

到 1851 年，老房子的所有剩余物件都消失了，新配套建筑全部完成。维多利亚女王很喜欢奥斯本，此后的五十五年在这里度过了大部分时光。但也有人却觉得这栋建筑很丑陋，屋内气流不畅，甚至让人感到幽闭恐惧。

王室对怀特岛的惠顾有助于让这里成为许多人的度假胜地，很多别墅和房屋建在周围的乡村。桂冠诗人阿尔弗雷德·丁尼生（Alfred Tennyson）勋爵在清水湾（Freshwater Bay）的法林福德（Farringford）买了一栋房子，摄影师朱莉娅·玛格丽特·卡梅伦就住在对面。丁尼生是奥斯本的常客，他的诗作深受维多利亚女王喜爱。

维多利亚时代的人钟情于海水浴，尤其是在铁路开通后，去海边变得如此容易的情况下。1847 年，维多利亚女王第一次尝试了海水浴，当时，出于谨慎，专门为她建造了一台洗澡机。她钻进去，脱掉衣服，人们将机器滚入海中，让她"游泳，其实更多的是划水"。孩子们在父亲的指导下，真正学会了在海里游泳。奥斯本庄园也在逐步完善，屋里安装了电梯，1890 年增加了一个侧翼建筑杜巴尔屋——这一年，更多的家庭日常需要的敲打和切割的器具被带到这里，弄得房屋满满当当。1850年，维多利亚和阿尔伯特为孩子们考虑，为他们建造了一座瑞士小屋，作为游乐场所。

这座瑞士小屋的建筑尺寸略小，和科堡的别墅一样，都是用原木建造的。女王和亲王希望它能对孩子们有教育意义，鼓励他们学习农耕、家务和普通人的生活。阿尔伯特亲王还是个热衷于自然的人，他想建立一个自然博物馆，木屋里的一个房间很快就有了岩石样本。与其他孩子的岩石收藏不同的是，王室孩子的岩石收藏从帝国各地购得。木屋里有一个厨房和餐厅，摆放着阿尔卑斯风格的家具和中国茶具。在屋外，孩子们在19世纪50年代还建造了一座微型堡垒。

巴尔莫勒尔

1845年，阿尔伯特亲王第一次陪同妻子去罗森瑙城堡度假。在那里，女王看到丈夫成长的地方，这对他们在苏格兰巴尔莫勒尔的第二个度假别墅的规划非常重要。前往科堡途中，他们在波恩（Bonn）欣赏到了一次难得的音乐会，听到珍妮·林德（Jenny Lind）指挥的李斯特（Franz Liszt）的乐曲。

英国东西两岸的铁路线的建设，使他们有了建造苏格兰式的隐居地的想法。1848年，他们终于决定购买位于布莱尔·阿索尔（Blair Atholl）附近的迪伊河上的一座建于15世纪的破旧的小城堡——巴尔莫勒尔，1845年他们第二次访问苏格兰时曾在此下榻。到1852年，他们已经筹措到了购买这座城堡的资金。和在奥斯本一样，他们立即制定了拆除旧建筑、建造新城堡的计划。巴尔莫勒尔庄园由1000英亩的山丘和森林组成，这里曾有许多佃农住在独立的小木屋里，有很多鹿和其他猎物——这是阿尔伯特亲王的另一个乐趣。

阿尔伯特亲王决定聘请当地的建筑师来完成这个项目。约翰·史密斯（John Smith）曾为城堡的前主人罗伯特·戈登爵士（Sir Robert Gordon）对城堡进行过改造，但他很快就去世了，他的爵位由他的儿子威廉·史密斯（William Smith）继承，具体职务是阿伯丁城市建筑师和工程总监。城堡必须要有家庭、宫廷、客人和国务活动房间，以及私人住所。史密斯是一位在欧洲游历过的建筑师，他和奥斯本的库比特一样，与阿尔伯特合作得很好，能领会亲王的意思并将其付诸实践。

新城堡选址靠近原有建筑,充分享有沿山谷通向山间的风景。阿尔伯特亲王对巴尔莫勒尔的想法无疑受到了罗塞纳的影响;他画了草图,威廉·史密斯据此画出了建筑的平面图。巴尔莫勒尔的外墙,城堡、塔楼和顶楼的屋顶,以及白色花岗岩石料,让人联想到罗森瑙和图林根的风格。1853年春天巴尔莫勒尔别墅开始平整土地,次年9月奠基。

建筑工人在工地周围的木屋里安营扎寨,结果出了问题:木屋失火。因为工作非常辛苦,建筑工人多次罢工。火灾发生后,维多利亚和阿尔伯特立即赔偿了他们的损失,并下令建造新的住所。当巴尔莫勒尔庄园初具规模时,维多利亚就称之为"天堂",并将其视为阿尔伯特亲王独立完成的杰作,认为他的才能是无穷无尽的。除了威廉·史密斯,还有其他的人帮助创造了这一奇迹,工匠和石匠、水管工、吊钟工,甚至还有来自伦敦的库比特先生——他提供了浴池。建筑用的所有花岗岩都来自庄园,屋顶的石板来自斯特拉斯博吉的采石场。窗户上方的台面四周,不仅有维多利亚和阿尔伯特的徽章,还有一些来自萨克森-科堡和哥德堡的国徽,以及英格兰和苏格兰的国徽。1855年,他们一家迁入,但在新城堡的其他部分完工之前,一家人仍要住在老房子里。维多

皇室成员在专列上,约1848年

1880 年的巴尔莫勒尔景象

利亚女王描述了他们初到时的情景：

> 1855 年 9 月 7 日 七点一刻，我们来到了心爱的巴尔莫勒尔，新房子看起来很美……当我们进入大厅时，一只旧鞋被从我们身后扔进屋里，以示好运。房子迷人，房间让人感觉舒适，家具、壁纸，一切都很完美。

一年后，当女王回到巴尔莫勒尔时，"我们发现了塔楼——完工了，建筑队也撤走了！整体效果非常好"。

建筑完工后，开始着手进行场地规划。规划中应该有一条公路通过庄园，考虑到公众对这个庄园的兴趣，特别是现在人们可以在附近的巴拉特（Ballater）租车，阿尔伯特亲王决定改变公路路线。通过 1835 年颁布的《公路法》，他成功地使公路沿迪河南岸绕行，并在克拉西（Crathie）修建了一座桥，使之成为庄园的入口。在庄园里，像在罗森瑙一样，他们种植了杨树和玫瑰花，并计划逐步对过时的农场建筑进行现代化改造，建立一座乳品厂。

在巴尔莫勒尔，维多利亚和阿尔伯特坚定地接受了苏格兰的一切；她阅读和欣赏沃尔特·司各特爵士（Sir Walter Scott）的作品，包括《米德洛希恩的心脏》《兰默尔的新娘》和长篇小说《威弗利》。19世纪初的小说家和诗人司各特写了大量体现苏格兰的粗犷、严酷和美丽的作品，故事引人入胜，其中有些显然受到18世纪德国文学的影响，而他反过来又影响了勃朗特姐妹（Bronte sisters）和乔治·艾略特（George Eliot）。

供钓鱼和打猎使用的小屋沿河边建起来，还为陪同他们跋涉的随从建造了一座小木屋。他们享受着风笛的音律，像小夜曲一样。但事实证明，最令人瞩目的是这里的家具，结合了图林根和苏格兰的风格。阿尔伯特亲王的创造力达到顶峰，他设计了家族裙装：他和他的儿子们不仅穿上了格子呢衣服，妻子和女儿们也穿上了格子裙，巴尔莫勒尔的许多房间的墙壁上也贴满了格子。他们常常徒步旅行，维多利亚称之为"高地国人——阿尔伯特穿着皇家斯图尔特花格子衣服，我和女孩们穿着同样颜色的裙子"。在家人和朋友的陪同下，他们在山上度过了无数个日日夜夜。经常陪伴的有一位经验丰富的乡下人约翰·布朗，是阿尔伯特亲王的侍从。他们徒步跋涉，男人们去打鹿和野味，沿着河边和山上的小路走，经常去看望佃农，看到过妇女在一个小平房里照顾多达九个孩子的场景。

有时候，他们搞野餐会。在这期间，维多利亚女王发展了她的水彩画技巧，创作了许多幅庄园风景画。她在日记中写下了他们的活动，并将其命名为"高地日记"。有时，即使在9月，他们也会遇到大雪，但无论天气多么恶劣，维多利亚都乐此不疲。

首相约翰·拉塞尔勋爵以为女王夫妇会对苏格兰感到厌倦，会觉得那里太偏僻，甚至不符合他们的口味，但他的这种想法很快就被证明是错误的。女王夫妇都感到苏格兰长老会教派的教义更符合他们的口味，尤其是阿尔伯特，认为长老会的教义更接近于马丁·路德的主张；他的妻子对此表示赞同。维多利亚女王误以为自己是苏格兰教会的领袖，直到若干年后才有人纠正她。他们在巴尔莫勒尔享受着悠闲的生活，女王四处访问，与当地人交谈，甚至经常去看望住在周围别墅里的人们。安全防护设在了最低程度，这正是维多利亚和阿尔伯特认为的"正常"生活。

在阿尔特-纳-圭恩塞希（Allt-na-Guinhsaich），他们发现两座小木屋，

1855年,在巴尔莫勒尔,身穿格子花呢衣服的路易丝公主(左)和海伦娜公主,罗杰·芬顿摄

于是修了一条人行道将它们合二为一。女王和阿尔伯特亲王居住其中的一间,另一间让仆人使用,他们借此远离这个世界。1852年,维多利亚女王在这里得到威灵顿公爵去世的消息,已是公爵去世两天后了,于是就在此举行了悼念活动。周围的城堡和庄园都被亲友们占领了,迪河流域(Deeside)成了上流社会的游乐场。然而,就像对奥斯本一样,政府官员和王室职员们都讨厌这个荒凉、拥挤而且离任何地方都很远的所在。尽管如此,对维多利亚和阿尔伯特来说,这是他们自己的成就,是他们的田园诗国。

第七章　世纪中叶的变局

在 19 世纪中叶的头十年里，女王对自己担当的角色充满了自信。她的丈夫得到了更广泛的认可，特别是在设计师和企业家的圈子里，而这些设计师和企业家对 19 世纪的发展做出了贡献。与他们自己的童年时代形成鲜明对比的是，维多利亚和阿尔伯特如今处于一个不断扩大的幸福家庭的中心，他们也满心喜爱这个大家庭。在公共生活中，偶尔会有刺客对他们采取行动，还有宪章运动者的集会对君主制造成一些威胁，但与同时代许多欧洲人所经历的充满血腥和危险的生活相比，这些都不算什么。

登基十三年后的 1850 年，维多利亚女王已经是七个孩子的母亲了。1853 年利奥波德王子和 1857 年贝特丽斯公主的出生，让家庭完全成型。前几个孩子已经渐渐长大，要求父母给予更多关注，而维多利亚则因陪伴丈夫的时间太少而感到不快。伯蒂的行为出现了问题，十年间，因为交友不慎，他对学习没有兴趣，让父母尤其是阿尔伯特很感苦恼。然而，长公主始终深得父母尤其是父亲的宠爱。对于阿尔伯特亲王来说，这十年是他向国家证明自己能力的十年，从后来的视角看，这也是他为国家做出最大贡献的十年。他不断地开展新项目，不仅监督巴尔莫勒尔别墅的建造，为奥斯本庄园做装饰，而且作为几个委员会的主席，尤其是艺术家协会的主席，发挥了很大的影响力。他在设计和建筑、科学和自然、住房和卫生方面的广泛兴趣非常令人钦佩，他与同时代的优秀企业家、工程师和设计师建立了友情。他一直以来就想这么做，因为他改善人们生活的意愿十分强烈。阿尔伯特继续努力工作，但却经常生病——这是因为他体质虚弱，加上工作态度严肃认真，也可能是过于谨慎的性格所致。而在维多利亚女王看来，似乎没有什么事情是她丈夫做不到的。

这是维多利亚女王的"巅峰时刻"——维多利亚时代的作家 J. B. 普利斯特里（J. B. Priestley）就是这样称呼的。在这十年里，女王确立了自己作为家族和国家的母亲的形象。对她来说，这也是她与阿尔伯特亲王婚姻的巅峰时期，婚姻让她感到安全和自信。

维多利亚和阿尔伯特在万国博览会开幕式上（对页）

国家和帝国

19 世纪中叶,帝国的扩张和工业革命的发展使英国成为世界的强者。维多利亚时代的精髓就在 19 世纪中叶的头十年。铁路继续在全国范围内编织网络,棉花、羊毛、钢铁制造、造船和采煤等主要行业为企业家带来了新的机遇,他们时刻准备着而且急于去适应、开发和销售每一项新技术。摄影术和电报的发展改变了新闻报道的方式,面向大众的期刊时代到来了。文学和艺术进入新领域,触及曾经被忽视或人们以前很少思考的主题。

19 世纪中叶,英国人口也发生了巨大而持久的变化。

1801 年英国只有 22% 的人口是城市居民,而到 1851 年,这一比例已经达到了全国的二分之一。这一年的人口普查数据显示,联合王国和爱尔兰的总人口为 2730 万,其中:

贵族、男爵和乡绅:53000;

高级医生和其他专业人员:20000;

贫民、流浪者、囚犯和疯子:1900000

家庭用人:134000 男   905000 女

棉花工人:255000 男   272000 女

裁缝(包括磨坊主):494 男   340000 女

矿工:216000 男   3000 女

印刷工人:22000 男   106 女

19 世纪 50 年代初,约翰·拉塞尔勋爵担任首相,帕默斯顿勋爵任外交大臣。帕默斯顿打算推行有违王室意愿的政策,尤其在德国问题上,导致维多利亚女王对他的不满。帕默斯顿,也就是说,英国政府反对女王和阿尔伯特 1848 年提出的对石勒苏益格-荷尔斯泰因的治理,以及德意志各邦统一行动的动议。长公主嫁给普鲁士国王弗里德里希二世儿子的计划正在进行中,女王夫妇不希望这些计划受到影响。1850 年 12 月 3 日,女王给舅舅利奥波德写了一封信,谴责帕默斯顿在这件事上扮演的角色:

德国的局势确实处在一个非常令人焦虑的状态。认为普鲁士的地位至高无上就是他们的一厢情愿,因为拉多维茨将军自己也说过,德国所需要的应该是处于领先地位……除非以温和而坚定的方式来做这件事,否则将会发生可怕的反应,这将会颠覆王位,普鲁士是唯一的大国……而德国的确是有力量的,它应该领先……不幸的是,帕默斯顿勋爵想方设法使我们在国外受到各方的憎恨,以至于我们失去了……我们本该有的巨大影响力……这让我感到痛苦和悲伤。

帕默斯顿一年后终于辞职,部分原因是他对女王不礼貌,部分原因是他没能让王室和内阁对他的活动保持知情。维多利亚女王因此大大松了一口气。19世纪50年代早期,维多利亚女王痛悼前首相罗伯特·皮尔爵士和威灵顿公爵的去世,前者于1850年意外从马上摔下来受伤,死得很惨;后者则于1852年去世,被赐予国葬——这是为英雄安排的葬礼,威灵顿在1815年滑铁卢战役中的胜利无疑使他成为民族英雄。由于当时的风俗是女性不参加葬礼,维多利亚女王在白金汉宫的阳台上观看了经过的送葬队伍。

1837年,也就是女王登基那年,本杰明·迪斯累里进入议会。他曾是激进的英国青年保守党的领导人,后来担任下院托利党领袖。在1852年的大选中,约翰·拉塞尔勋爵领导的辉格党政府被击败,但在阿伯丁勋爵(Lord Aberdeen)的领导下,与托利党的皮尔派结成了联盟。

威灵顿公爵的灵车

第七章 世纪中叶的变局

新落成的圣潘克拉斯车站和旅馆

铁路革命

1852 年，英国已经拥有 6600 英里（约 10560 千米）铁路线。主干道从伦敦出发，向南到英吉利海峡，分别沿着西海岸和东海岸，进入苏格兰，再到西部地区；许多较小的支线与这些干线相连。每个城镇都需要一个火车站，这引起了建筑风格方面的激烈争论。这些建筑的规模是否应该与过去的地标建筑大教堂相当，要不要按照古典传统建筑风格设计和建造，人们意见不一。也有人认为意大利文艺复兴时期的风格或北欧哥特式风格更为合适。企业家们在这些方面都做了尝试。

1839 年，伦敦建造了由菲利普·哈德威克（Philip Hardwick）设计的尤斯顿火车站，在入口处，是仿照帕特农神庙风格的巨大的古希腊风的三角墙和柱子；在纽卡斯尔（Newcastle），约翰·多布森（John Dobson）在 1846 年至 1855 年间，参照意大利古典建筑风格设计建造了一座车站，有拱门和柱廊，还有一个弧形屋顶——这是第一座全部月台被覆盖的车站。在接下来的十年里，乔治·吉尔伯特·斯科特和工程师巴洛（Barlow）为圣潘克拉斯火车站设计了华丽的维多利亚时代哥特式建筑。圣潘克拉斯车站建于 1868 年，站前有一座红砖墙酒店，有巨大的塔楼和尖顶拱形窗户，还有一个形状像小教堂的售票大厅；其金属和玻璃的停车棚是当时最大的。

火车站不但要快速建造，还要兼顾各种用途；需要巨大的空间容纳货物，有乘客站台，有开动火车所需的煤炭储存间，有维修区和边道。人们探索了利用金属和玻璃的新的可能性，在站台和轨道上建造巨大的棚式结构，而对于旅客候车楼的设计，留给建筑师们继续进行古典抑或哥特式的争论。有时，金属和玻璃结构本身成了主要元素，运用新材料和新技术取得明显的效果。例如在西伦敦的帕丁顿车站，布鲁内尔并不担心暴露他那巨大的、像鲨鱼尾一样的站台大棚结构。他用金属构成精细的造型，为未来树立了一个地标性建筑。

在乡下，轨道铺设者以罗马水渠为基础，用长长的高架桥横跨山谷，让线路穿过连绵的山坡，到达目的地。桥梁设计也要考虑进来，因为必须跨越许多河流和人工水渠，大如德文郡和康沃尔（Cornwall）之间的泰玛河，小到很多细流。

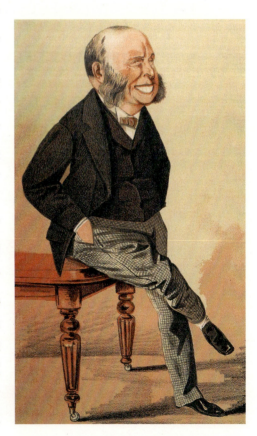

新闻代理人 W.H. 史密斯先生

这个时代的作家们很快就掌握了铁路旅行的理念，将其作为浪漫隐喻，或是人们追求更好的、不同的生活方式的途径。在作品《维莱特》中，夏洛蒂·勃朗特描述了女主人公乘坐火车去往伦敦，再到布鲁塞尔，以逃避单相思的折磨，因而经历了一种不同的生活。对于许多年轻女孩来说，铁路是离开家和贫穷的通道，到城市做家务活，表面上看起来是件光彩的事。

当然，铁路也有缺点，给已经被工厂烟囱和家庭煤火产生的烟雾污染的城镇带来了更多污垢。蒸汽机以煤为燃料，几个男人站在火车司机后面不断添煤才能为机车提供动力，火车飞驰而过时，巨大的烟雾、蒸汽和煤灰从漏斗中冒出，使烟雾更加浓重。1853 年，为控制空气污染，伦敦地区通过了《消除烟雾法》。

在铁路上工作，又苦又脏又危险。火

第七章　世纪中叶的变局

车以每小时 30 英里（约 48 千米）的速度行驶，让许多人觉得有种飞起的感觉。但铁轨、发动机和车厢是不安全的，迈克尔·弗里曼（Michael Freeman）描述了技术事故的实例。技术越先进，事故就越可怕。但有时候，事故的发生更多是乘客的错，而不是技术问题。恶作剧者会爬上车顶，或者从一节车厢跳到另一节车厢，甚至跳到车厢外，所以有时列车员会把车厢门锁上，以防止这类冒险行为发生。

但这些缺点远远少于铁路带来的好处。铁路投资利润丰厚，到 1850 年，铁路公司已经超过 200 家。三家公司占据了主导地位，即伦敦和西北铁路公司、米德兰铁路公司和大西部铁路公司。投资者通常是新兴产业的领头羊，他们依靠铁路来发展自己的业务；铁路每进入一个城镇，投资者可以通过开辟新的市场来改变和扩大业务。例如，铁路通到卡莱尔（Carlisle），那里已经建立起来的卡尔斯饼干生产企业就可以考虑向帝国其他地方出口。

建造车站可能意味着要建造一家大型酒店，如曼彻斯特的米德兰酒店和伦敦的大东部酒店，为铁路投资者带来了更多收入。公司之间存在着竞争和合并，但同一地区由多家铁路公司提供服务的情况并不罕见。有一个时期，曼彻斯特有九家铁路公司相互竞争。《笨拙》和其他杂志上

伦敦维多利亚车站

的讽刺画家们有很大的空间来嘲笑新的资本家以牺牲乘客的利益为代价而变得更加富有。

当然，资本家和企业家通过铁路和服务乘客致富的方式有很多。例如，W.H. 史密斯先生很快就意识到人们在旅行中需要携带读物。虽然受过教育的人可以阅读并买得起书，但许多较贫穷的人开始参加扫盲计划和阅读面向大众市场的新的、流行的、廉价的报刊。1848 年，史密斯先生获得许可，在伦敦和西北铁路公司运营的伦敦—伯明翰段沿线车站出售书籍和报刊。他在十年间获得所有车站的独家经销权，在许多其他车站摆摊设点。在安东尼·特罗洛普的《阿灵顿的小房子》中，主人公约翰尼·伊姆斯（Johnny Eames）在帕丁顿站"把他的对手打翻在史密斯先生的书摊的报纸堆中，自己也倒在廉价的黄色书摊上"。每个读者都能想象出当时的情景和人们阅读的内容。W.H. 史密斯的公司在维多利亚时代，以及进入 20 世纪后，发展得非常迅速。

维多利亚女王和阿尔伯特亲王是这种新交通工具的较早尝试者。1842 年，他们在布鲁内尔的陪同下，首次乘坐皇家列车旅行，机车拉着一辆皇家专车共 6 节车厢从斯洛夫行进到帕丁顿。女王很喜欢这次旅行，并立即看到了铁路的潜力。事实上，通往苏格兰的线路的建成意味着前往巴尔莫勒尔的旅行更为快捷，远胜过需要三天的乘船。1849 年，曼彻斯特的维多利亚火车站开通；伦敦的维多利亚火车站以女王的名字命名，导致白金汉宫后面的整个地区都随之得名。从伦敦维多利亚火车站出发，登上火车前往布莱顿和其他新开发的南海岸度假胜地，是很容易的事。

托马斯·库克和组团旅行

铁路的出现让人们产生了乘坐火车游览和度假的想法。这是由一个叫托马斯·库克的人开创的，他的创新理念对全世界产生了深远的影响。18 世纪，富人都组队成大旅行团出行，然而，中产阶级和工人阶级中很少有人离开自己的村庄或城镇去远行。铁路的出现改变了这一切。女王有了她的乡村度假胜地，其他人也可以有，尽管设施简单。

19 世纪初，乔治四世在布莱顿的亭阁使这个小镇成为富人追求的时尚；

斯卡罗布海滨设施,维多利亚时代兴起的海滨度假胜地之一

现在,新的铁路线从伦敦出发,把成千上万的普通人带到了南部海岸。当铁路线连接到主要的工业城市时,其他沿海度假胜地也随之发展起来;布莱克浦(Blackpool)对兰开夏郡的工人来说就很容易到达,而东约克郡海岸的度假胜地如斯卡伯勒(Scarborough),则成为西区毛纺行业工人的首选;对许多人来说,在海边呼吸新鲜空气是一种很奇妙的感受。

托马斯·库克是一个年轻的印刷商和浸信会传教士,他相信所有的社会弊病都是由酒精过量造成的,所以他拥护节制饮酒的措施。1841年,他雇了一列火车,带着一队人从莱斯特出发,前往拉夫堡参加戒酒会。他很快就发现乘客们对这次活动很感兴趣。由于这次旅行的成功,加上客源潜力很大,他随后就租了更多的列车。1845年,他带人们前往利物浦,在那里,他们看到船上数百名移民(其中有许多来自爱尔兰)乘坐蒸汽船前往美国,同时还可以欣赏威尔士北部的乡村美景。

库克的重大突破是组织了往返铁路旅行,售价含有在伦敦过夜的费用和参观展览的门票,其中就有1851年伦敦工业博览会的门票。在第一次全包式旅行中,16.5万人随库克涌向伦敦。库克先生是个真正的企业家,他看到了更多旅行项目的潜力,并在1855年组团去了巴黎国际博览会。在筹备这次旅行时,他遇到了困难:跨英吉利海峡的轮渡运营商拒绝合作。于是,他没有预订从加莱到多佛尔的回程票,而是带领乘客走哈威奇(Harwich)到安特卫普的北海航线,并开辟了从安特卫普到布鲁塞尔、科隆、海德堡、斯特拉斯堡和巴黎的火车观光之旅,最后是回到安特卫普和哈威奇。他和他的儿子约翰·梅森·库克(John Mason Cook)一起参加了这次旅行,父子俩看到人们从旅行中获得乐趣,对公司业务发展的潜力感到鼓舞。

1863年,托马斯·库克组织去瑞士的旅行团,有500人跟他一起出发。当年11月,他带着旅行团南下,越过阿尔卑斯山到意大利,再走环形路线,让大家到访更多国家。就这样,中产阶级有了自己的大旅行团。库克先生与旅店老板谈判,尽量压低价格。1868年,他推出可以用来付款的旅馆券,是旅行支票的一种早期形式。

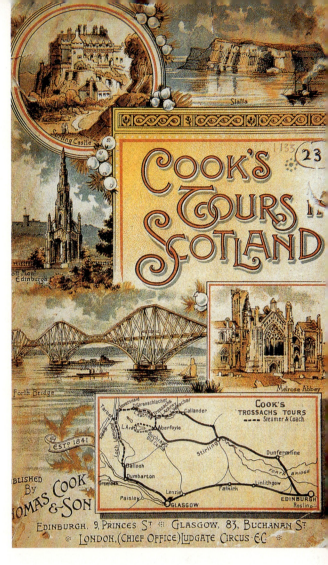

库克设计的一条旅游线路的广告

在开辟了欧洲市场后,库克与儿子一道在莱斯特(Loeicester)格兰比街的办公室里策划了一次美国之行。1869年,库克夫妇在伦敦开设第一个办事处。四年后,苏伊士运河的开通和英国人在那里的存在——1869年,包括威尔士亲王和王妃到埃及旅游——为库克提供了一个送顾客到尼罗河上游览的机会。尼罗河之旅大受欢迎,以至于库克很快在开罗开设了一个大的办事处。英国政府对托马斯·库克父子的知识和能力非常信任,当1884年戈登(General Gordon)将军被困喀土穆时,库克的公司组织了尼罗河上的英军救援运输行动。

第七章　世纪中叶的变局

电报和报刊

电报和通过水下电缆的电信信号的发展，彻底改变了帝国各地的信息传输方式，使英国政府能够更严密地控制其最远端领地的局势。19世纪30年代，伦敦国王学院实验哲学教授查尔斯·惠特斯通（Charles Wheatstone）和威廉·福瑟吉尔·库克（William Fothergill Cooke）一直在进行与电报相关的实验，并研制出了电报机。

1837年，他们终于证实了收发声音的可行性。他们沿着从尤斯顿到卡姆登镇（Camden）的铁路线布下一条电缆，在两端都可以听到通过电缆传输的声音。1851年，第一条海底电缆在英吉利海峡底部铺设，声音从伦敦传到了巴黎。同年，德国人保尔·尤利亚斯·冯·路透（Paul Julius von Reuter）男爵在伦敦开设了第一家新闻社。到1865年，电缆已经从英国铺设到了印度，1866年，电缆横跨大西洋。这一切最终导致1876年亚历山大·格雷厄姆·贝尔（Alexander Graham Bell）发明了电话，人类进入现代通信时代。

电报不仅改变了新闻报道的方法，而且改变了新闻报道的风格。政府再也不能为了自己的利益呈现当下和未来所发生的事件甚至对其进行修改。在世界各地热点地区，如1854年爆发战争的克里米亚等地，记者能够立即以简短直接的方式报道，准确地描述他们亲身经历和目睹的事件。在这之前，关于暴行或流血冲突的报道可能需要几周甚至几个月的时间才能传回国内，通常都会被编造成伟大的英雄事迹。这一切都随着电报的出现而改变，因为战争的真实恐怖、苦难、失败和创伤，或军队指挥官的愚蠢行为及逆境中的英雄行为，都会在几天内发回伦敦，绕过政府部门，通过报纸杂志直接传播给公众。

尽管工人大众仍然文盲居多，但已经开展的教育和阅读计划正在提高他们的水平。1850年，第一家公共图书馆启用，许多大众化的报纸及期刊出版，以适应新市场的需要。1850年至1860年间，在哈德斯菲尔德（Huddersfield）、赫尔（Hull）、哈利法克斯、莱斯特、利物浦、谢菲尔德、伯明翰和布里斯托尔（Bristol）等城镇创办了地方报纸，这些城镇大多是工业化地区，当地民众渴望看到有关事件的报道。

1852年《伦敦画报》刊登的曼彻斯特免费图书馆开放消息的配图

上层阶级的报纸《泰晤士报》创刊于1785年，1850年的发行量达到34000份。1821年创刊的《曼彻斯特卫报》更加激进，成为中产阶级改革派的喉舌，经常质疑政府。在维多利亚女王统治时期，《曼彻斯特卫报》反对历届政府所主张的帝国主义思想，支持爱尔兰的自治，并对欧洲在非洲的掠夺感到震惊。1855年创办的《每日电讯报》和《信使报》向克里米亚和美国派驻记者，宣示的是比较保守和传统的观点；《闲话》(The Tattler)和《旁观者》(The Spectator)这两本杂志都创刊于17世纪初，是历史悠久的期刊；1842年创刊的《伦敦新闻画报》(Illustrated London News)则追随它们的脚步，只不过更适应大众市场。查尔斯·狄更斯的《家常话》于1850年3月创刊，为当代小说家、散文家或观察家提供了表达自己观点的空间。对于像乔治·克鲁克香克（George Cruickshank）这样的讽刺家来说，《笨拙》杂志为他们的漫画提供

了一个很好的出口。

《伦敦画报》周刊首先使用了视觉材料，最初以木刻和版画的形式出现；后来，它成为第一份使用照片的报刊。作为表现英国社会生活的杂志，《伦敦画报》对宣传维多利亚女王、阿尔伯特亲王和他们越来越多的子女构成理想家庭的形象起到很大的作用，同时也为19世纪的生活观、价值观和人生观保留了精彩的记录。

摄影术

19世纪的另一项重大发明是摄影术，这项技术真正进入兴盛期是在19世纪50年代。与电报一样，摄影彻底改变了人们的生活，改变了绘画、视觉艺术和新闻报道的发展方向。维多利亚女王和阿尔伯特亲王对这种新艺术形式非常着迷，很快成为摄影师及摄影协会的热心赞助者。

自16世纪以来，蒙太奇暗箱就被用作艺术家的辅助工具，但直到19世纪，记录和保存图像的技术才得以完善。1839年，法国人路易－雅克·达盖尔（Louis-Jacques Daguerre）第一个使用这种新技术。他发现，用碘化银覆盖铜板，将其暴露在光和水银下，然后用银盐固定，就可以制作出永久的图像。这种"达盖尔法"很快在法国和英国流行起来，成为时尚。但这种方法只能制作一个图像，不能重复印制。

在英国，威廉·福克斯·塔尔博特（William Fox Talbot）也在尝试保存图像的方法。1841年，他用卡洛特印刷术开始了现代照相复制的过程：在纸上涂上一层氯化银，在相机暗箱中曝光，在纸上产生底片图像后，用酸液冲洗，出现了正面黑白照片。塔尔博特的压印技术的魅力在于，可以用同一图像印制出无数张照片。到1851年，他通过使用湿式印版进一步完善了这项工艺。不过，当时的相机又大又笨重，主要由人像摄影师使用。而对于这些摄影师来说，一种新的艺术形式也出现了。维多利亚女王和阿尔伯特亲王愿意为罗杰·芬顿和其他摄影家们当模特儿。芬顿后来去了克里米亚，成为第一批战地摄影师之一。

维多利亚统治时代可以说是第一个被照相机镜头记录的时代，维多利亚和阿尔伯特夫妇及其

罗杰·芬顿早期拍摄的维多利亚女王和阿尔伯特亲王（对页）

阿尔伯特亲王的照片名片

子女在不同阶段和生活的不同方面留下了大量照片。

维多利亚为她在温莎和巴尔莫勒尔的生活、她的儿孙和她的族人制作了家庭相册，许多画面让人们对这些人物有了深入的了解，就像霍尔贝因的亨利八世宫廷画作一样。维多利亚和阿尔伯特无论是单独的还是合照的精彩肖像，都揭示出很多服装和房间内饰的细节。

如果参加某项正式活动或出席纪念典礼，维多利亚女王的形象可能会显得威风凛凛；但如果摆出轻松的姿势，她可能是抱着一本书，或捧着一朵花，或在编织，或在纺纱，或在花园里散步，有时被日常琐碎事缠绕。在维多利亚女王的照片中，可以看到她对着孙子孙女微笑。阿尔伯特亲王显然很喜欢在镜头前摆姿势，如果单照，他通常拿着一本书或一卷纸，有时站在一个巨大的地球仪旁，与世俗眼中的知识分子的形象颇为相称。

孩子们或单照，或合影，或在去巴尔莫勒尔的长途跋涉中，或为一场戏剧表演而装扮，或静静地享受着独处时光。长公主与普鲁士王储的订婚仪式有正式合影。维多利亚和阿尔伯特还制作了带有照片的系列名片。他们在伦敦、温莎、巴尔莫勒尔和奥斯本都有指定的摄影师，在爱丁堡是詹姆斯·罗斯（James Ross）和约翰·汤普森（John Thompson），在伊顿有罗伯特·希尔斯（Robert Hills）和约翰·亨利·桑德斯（John Henry Saunders），在怀特岛则是休斯和穆林等。无疑，维多利亚和阿尔伯特的助力，促进了人像摄影在中产阶级中的流行。

维多利亚时代的妇女

女王在生下最后两个孩子时使用了氯仿,成为所有害怕分娩痛苦的妇女学习的榜样;无痛分娩的期望已经成为现实。此时,人们对避孕措施或月经周期及其与生育能力的关系的了解还很少,维多利亚女王生了九个孩子并不罕见。许多女性的生育能力比女王还强。由于分娩时感染和大出血,许多家庭不仅失去孩子,而且也失去了母亲。而社会各阶层的疾病和感染,加上贫困阶层的营养不良,意味着许多孩子无法活过婴儿期。

当时对女孩的教育几乎没有,妇女的选举权运动还处于起步阶段。

1847年,伦敦大学开始招生。1850年,弗朗西斯·巴斯(Frances Buss)在卡姆登镇开办了北伦敦学院,成立了第一个为中产阶级家庭女性教育服务的基金会。随后不久,切尔滕纳姆女子学院和女子公立日间学校信托基金也相继成立。贫穷阶层的教育问题则留给了像沙夫茨伯里勋爵(Lord Shaftesbury)这样的社会改革家和为穷人兴办的学校。

尽管女孩接受教育的观念已经被社会所认可,但妇女

新切尔滕纳姆女子学院的课堂

伊丽莎白·盖斯凯尔

仍然被禁止从事大多数工作,"美满的婚姻"成为她们的职业。有些人,比如弗洛伦斯·南丁格尔,干脆放弃了婚姻。南丁格尔小姐一心想成为一名护士,克里米亚战争爆发后,她找到了自己事业的入口。在战场上,她和其他妇女一道努力,改变了护士的角色,并彻底改变了受伤士兵的护理方式。1860年第一所护士培训学校在伦敦的圣托马斯医院开设时,就以她的名字命名。

女作家们发现,她们要么保持体面,被称作盖斯凯尔夫人或克莱克夫人,要么为给作品找到更好的发表机会时给自己起一个听起来男性化的名字。未婚的勃朗特姐妹,无法以女性的身份发表作品,只好用了"Currer"、"Acton"和"Ellis Bell"的笔名。乔治·艾略特的真名是玛丽·安·埃文斯(Mary Ann Evans)。

维多利亚女王尽管地位至高无上,对争取妇女选举权运动却丝毫不感兴趣,她认为女人首先应该是妻子和母亲。事实上,身为女王只是她的职责所在,即使她在很多方面都很享受这种身份,但她不一定会去主动选择。另一方面,她毫不犹豫地明确表示,1868年出版的《我的高地生活日记》(*Leaves from the Journal of My Life in the Highlands*)包括其中的素描插图,完全是她——国家最重要的妻子和母亲——女王的作品。

中产阶级妇女在缔结了一桩"美满的婚姻"后,就不得不以家庭主妇的身份出人头地,尽管她们也能雇用家政人员,但却请不起上层阶级所拥有的众多管家、厨师和女仆。许多生活节奏快的年轻妻子,住在不断扩张的郊区的新房和大房子里,远离自己的家庭,感到孤立无援,对管理家庭、协助丈夫、为客人准备晚餐感到恐慌无助。上层阶级的菜单,是向上流动的社会阶层的模仿对象,现在学起来也更加困难了,因为法国厨师为了躲避巴黎的动荡,在英国的厨房里找到了庇护所和工作,正向雇主介绍花样翻新和精致的食物。

一位年轻的妻子向这众多年轻的中产阶级女性伸出援手。1852年,山姆·比顿(Sam Beeton)出版了美国女作家哈利叶特·比彻·斯托(Harriet Beecher

Stowe）的小说《汤姆叔叔的小屋》，获得巨大成功，因此发了大财。他用这笔钱创办了一份周刊《英国妇女家政杂志》。比顿本人于1856年结婚，新婚妻子伊莎贝拉（Isabella）在杂志上开辟了烹饪和家务管理等栏目。1859年，伊莎贝拉的《家务管理手册》出版，名声大噪。

这本书此后多次重印并出版了修订版，书中提供了关于菜单、膳食和食谱的建议，以效仿上流社会的做法。比如，购买食物、选择食谱和制作菜单；清洁餐桌和家庭日用品；铺设餐桌和上菜；面试和雇用仆人；还给出了儿童疾病救治办法等。比顿夫人是许多年轻妻子的救星，现在，一本《家务管理手册》在手，安全感大大增加。

虽然伊莎贝拉·比顿并不是食谱的创始人，但她善于借鉴和改编以往的和来到英国的法国厨师的成功做法。然而，她在经营家庭方面的丰富知识并不能使她幸免于分娩并发症——这是当时妇女的主要死因——她于1865年死去，年仅29岁。

比顿夫人著《家务管理手册》中的创意甜品

但对维多利亚时代中期英国工人阶级妇女来说，伊莎贝拉·比顿书中描述的家庭生活在她们的经验之外。许多妇女在工厂里长时间工作，或当裁缝，或当洗衣工，生活非常艰苦。《家务管理手册》中食谱的大量配料不适用于她们的生活条件。许多人严重营养不良；她们和家人吃的饭菜是土豆和玉米，偶尔加一块培根打打牙祭。

文学与艺术

19世纪是写作风格的分水岭，作家和艺术家们思考着周围进行的革命的艰巨性，以及为他们的作品打开的新市场。年轻的本杰明·迪斯累里首次将英国的状况作为研究和写作的题材，不仅描述了当时英国人的生活方式，而且还研究了随着城镇的发展向农村扩张引起的迅速变化。

1848年，当弗里德里希·恩格斯和卡尔·马克思在曼彻斯特发表了对工人革命的召唤——《共产党宣言》时，其他人则用小说记录了他们对社会的观察。19世纪中叶的许多小说家都在思考如何正面解决社会问题。其中最重要的当数查尔斯·狄更斯，他成为伟大的观察者和记录者，书写了工业化对个人生活的细微影响。

狄更斯本人贫困的童年生活经历，以及他所看到的罢工、贫穷、剥削和贪婪，都萦绕在他的脑海中。他的小说以特定的城镇为背景，以容易识别的人物类型，将自己的经历熔铸其中。《艰难岁月》以普雷斯顿（Preston）的磨坊为背景；《老古董店》设在伯明翰；《董贝父子》在伦敦卡姆登镇；《圣诞颂歌》中的艾布尼泽·斯克鲁奇则是将他所遇到的守财奴形象化。

狄更斯的许多作品最初都是以连载的形式发表在杂志上，每周或每月一期。从1850年开始，他自办杂志《家常话》，自己编辑并写稿，也为当时的许多主要作家和评论家提供了发表园地，让他们的思想得以传播。

另一位写工业革命带来的变化的作家是盖斯凯尔夫人。她于1855年出版了小说《南北》，将伦敦哈雷街一个富裕家庭

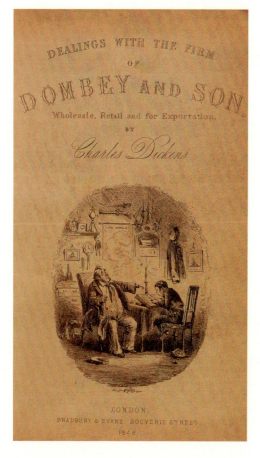

狄更斯《董贝父子》初版扉页

与英国北部一个磨坊工人家庭的生活做了比较。

在狄更斯针对英国工业化问题的时候，勃朗特三姐妹夏洛蒂、艾米莉和安妮，在前弗洛伊德时代的写作中，探讨了人的内心世界。生活在约克郡霍沃斯荒原上的这三位杰出的年轻女性，创造了她们自己的语言和人物。她们的母亲在她们年幼时就死于肺结核，悲伤、失落和孤独是她们所熟知的情感。她们在暴露和描述自己内心的思想情感时没有阻碍，笔下多单恋和激情、悲伤和失落。

勃朗特姐妹作品中的许多地点是真实的，有她们自己上过的学校，或当家庭教师待过的雇主的家，有在严酷的约克郡荒原的生活，也有夏洛蒂在布鲁塞尔的经历。他们的兄弟布兰威尔酗酒、吸毒，1848年死于肺结核。1849年，艾米莉和安妮相继去世，只剩下夏洛蒂一个人。最终，她在伦敦成名。她向《家常话》投稿，参观过伦敦大展会，并结识了她的偶像——作家萨克雷（William Thackeray）。在比利时期间，她看到维多利亚女王的宝车在布鲁塞尔街道上行驶，并赞许地评论女王衣着朴素。1855年，夏洛蒂与亚瑟·贝尔·尼科尔斯（Arthur Bell Nocolls）结婚，但在分娩时去世。牛津大学和剑桥大学培养出了另一类作家，他们受过古典主义教育，思想更深邃，

勃朗特三姐妹，他们的兄弟布兰威尔绘，他把自己从画面中去掉了

约翰·威廉姆·沃特豪斯的画作

第七章　世纪中叶的变局

也更有艺术鉴赏力，从他们的背景和生活境况来看，他们也都很富有。约翰·罗斯金（John Ruskin）、威廉·萨克雷、刘易斯·卡罗尔（Lewis Carroll）和马修·阿诺德（Matthew Arnold）等人在这些学府里进行思想的碰撞和交流。罗斯金对工业化带来的变化的抨击，对机器的憎恶和对剥削的痛恨，加上对回归古典主义的呼吁，使他以一个强有力的作家和艺术批评家的身份而闻名。

1848年，被称为"拉斐尔前派兄弟会"的艺术运动兴起，其宗旨是推广一种新画风。该运动从拉斐尔之前的意大利文艺复兴时期的艺术中寻找灵感。很快，爱德华·伯恩斯·琼斯（Edward Burns Jones）、但丁·加布里埃尔·罗塞蒂等人就为他们的绘画风格招纳了许多支持者——但他们的画风并没有得到维多利亚和阿尔伯特的青睐。他们的影响在牛津大学很深远，琼斯、罗塞蒂和威廉·莫里斯（William Morris）将他们的作品装饰在牛津大学的联合大楼里，莫里斯后来发展出了自己的社会主义风格。对工人阶级问题的认识是拉斐尔前派作品的一个特点，福特·马多克斯·布朗（Ford Madox Brown）的两幅杰作《工作》和《最后的英格兰》，都在19世纪50年代画成。

19世纪中叶英国的诗歌以阿尔弗雷德·丁尼生勋爵为代表。1850年，威廉·华兹华斯（William Wordsworth）逝世后，丁尼生成为桂冠诗人，直到1892年去世。桂冠诗人由君主册封，领取年金。丁尼生为纪念女王的生日及其他重要事件写诗，如1852年为悼念威灵顿公爵去世创作了《颂歌》；1854年英国卷入克里米亚战争时，为著名的轻骑兵冲锋队写了一篇佳作。维多利亚女王非常喜欢丁尼生勋爵，他是温莎和奥斯本皇家别墅的常客。阿尔伯特亲王很乐意去他在怀特岛法林福德（Farringford）的住宅拜访，但维多利亚女王从来没有去过，她更愿意让诗人来看望她。晚年，丁尼生的诗歌是她最喜欢的文学作品之一。

艺术收藏

在英国，赞助艺术一直是历代君主的雅好，从亨利八世开始，国王和王后就通过他们对艺术品的选择来展示自己的财富、国家的力量和英雄主义精神。维多利亚女王的祖父和叔叔们曾邀请托马斯·庚斯博罗（Thomas

维多利亚的宠物狗和一只鹦鹉,兰西尔爵士绘

Gainsborough)、乔舒亚·雷诺兹爵士(Sir Joshua Reynolds)、乔治·斯塔布斯(George Stubbs)等著名艺术家创作了不少杰作。维多利亚女王将购买艺术品的决定权交给了阿尔伯特亲王。

为了打破传统,阿尔伯特决定不仅购买英国和外国当代艺术家的作品,还购买一些意大利文艺复兴早期作品、佛兰德和荷兰的作品。今天的英国皇家收藏品中之所以有杜乔(Duccio)、贝尔纳多·加迪(Bernardo Gaddi)、秦梯利·德·法布里亚诺(Gentile de Fabriano)等人的佳作,很大程度上是因为阿尔伯特的缘故。他和维多利亚都不太喜欢拉斐尔前派,该派画家对皇家学院的攻击并不被认可,尤其是阿尔伯特亲王经常在学院发表演讲,并在那里引发了有趣的争论。

维多利亚女王登基时任命的宫廷画师戴维·威尔基爵士于1841年去世。兰西尔爵士曾在肯辛顿宫为女王和她的爱犬达什作画,长期以来一直在伦敦和高地为女王夫妇和孩子们创作,尽管是非正式的。维多利亚女王很喜欢兰西尔,不但喜欢坐下来为他当模特,甚至还能容忍他时不时因酗酒而昏迷。然而,1841年,弗朗茨·温特哈尔特(Franz Winterhalter)被定为正式的王室画师。温特哈尔特出生于慕尼黑,成名很早,很快就成为欧洲王室的主流画家;1834年,他到访巴黎,在路易·菲力浦国王的宫廷中作画,并成功地保住自己在拿破仑三世宫廷中的地位。但他最好的作品是有关维多利亚女王家族的画作,以轻快的笔触和浪漫的风格著称。

第七章 世纪中叶的变局

《大黄蜂》杂志上发表的非统一教会教士查尔斯·哈登（Charles Haddon）像

阿尔伯特对艺术的赞助，成效延伸到自己的住宅。他一直对壁画感兴趣，1842 年在白金汉宫建造花园楼阁时，他委托著名的艺术家借鉴梵蒂冈的拉斐尔作品为住宅作画。他还将他对艺术的赞助范围扩大到自己的圈子之外。1857 年，随着伦敦世界博览会的成功，阿尔伯特亲王在曼彻斯特举办了有史以来规模最大的艺术珍品展。他对美术的兴趣与他对设计的兴趣相辅相成，二者的结合对他后来建立第一个设计学院大有帮助。

19 世纪，英国艺术赞助人的数量有了相当大的增加。当时有很多富裕的收藏家，比如亨利·泰特爵士（Sir Henry Tate）在利物浦糖厂做炼糖师发财后，大力收藏英国的艺术品。19 世纪 90 年代，泰特把自己的藏品交给了国家，条件是要一栋建筑来存放。于是，泰晤士河畔的米尔班克建起了泰特美术馆。

世纪中叶的宗教

阿尔伯特亲王对马丁·路德的教义的虔诚，获得了妻子和家人的支持，使王室在宗教上比前朝更保守。在整个 19 世纪，卫理公会、公理会和浸信会等非英国国教信徒数量大增，其代价是英国教会的衰落。然而，宗教崇拜总体处于下降态势，1851 年的人口普查显示，只有 50% 的人定期去教堂。

相比以往，19 世纪成立的慈善机构数量有所增加，主要是中产阶级为减轻工人的苦难而成立的，也有传教士团体不顾自身文化的优劣，向帝国最远的角落派出传教使团，意在让那里的人民皈依基督教。在 19 世纪中叶成立的传教团体中，有英国长老会对外传教委员会（1847 年）、南美传教会（1852 年）、印度基督教方言教育会（1858 年）、中部非洲大学传教会（1859 年）和中国内陆传教会（1865 年）等。1850 年，三百年前宗教改革中就已出现的圣公会与罗马教会之间的矛盾有所缓和，威斯曼（Wiseman）红衣主教成为威斯敏斯特的第一位罗马天主教大主教，全国各地任命了天主教主教，犹太人开始被社会接受，银行家内森·罗斯柴尔德成为第一位在下议院中获得席位的犹太人，伦敦、利兹和曼彻斯特的犹太教堂也在兴建。

在维多利亚时代，对宗教的最大威胁出现在19世纪50年代末。当时宗教信仰宣扬的教义是：世上所有的生命都是神圣的，根据上帝的旨意而存在。突然间，1859年，查尔斯·达尔文的巨著《论自然选择的物种起源，或生存中的适者生存》一书出版。查尔斯·达尔文是著名的陶艺家乔舒亚·韦奇伍德（Joshua Wedgwood）的孙子，19世纪30年代作为博物学家，乘坐女王陛下比格尔号环游世界。达尔文本来是个不可知论者，但他在这次航行中发现的关于自然界的事情让他对上帝在进化中所起的作用产生了怀疑。因为他的工作可能会被认为亵渎神明和非法，所以他私下发展了他的变异和自然选择进化理论。他的著作1859年出版后，几个月内卖光，并不断地被转载；他所受到的攻击大多是来自不接受他的非创世论的教会系统。在这个时代的末期，就连人类生存的宗教基础都在经历着某种形式的革命。

《庞森比湾的小猎犬》画作

伦敦万国工业博览会

阿尔伯特亲王在公共事务中最伟大的成就是促成举办1851年的伦敦万国工业博览会，这是英国在日常生活中接受机器带来的进步的决定性时刻。这也是维多利亚女王对丈夫公开崇拜的高潮。

19世纪40年代伦敦艺术协会沿袭了法国工厂在19世纪初建立的传统：举办一些小型展览来展示新工业产品，探索传统工艺和工匠技术相结合的潜力。亨利·科尔和该协会的其他成员曾参观过巴黎的一个展览，对其印象深刻。他们考虑在伦敦举办类似的但规模要大得多的展览。他们知道法国人正在计划举办一个国际展览，但由于内乱，相信在未来几年内都无法实现。

1848年，艺术协会的同人决心举办一次国际展览会，邀请世界各国齐聚伦敦。但他们知道此举需要王室赞助。亨利·科尔前往奥斯本，与阿尔伯特亲王讨论举办展会的可能性。阿尔伯特亲王立即热情高涨，他认识到这是进入全球市场的第一步，有很大潜力。阿尔伯特还坚持认为，外国竞争只能有利于英国工业的产出、创新和利润。于是他着手成立了一个展览委员会，负责处理财务，组织建筑设计竞赛，并寻找场地。阿尔伯特亲王的赞助使该计划成为现实，这是他对英国的最大贡献。

从1848年开始筹备到1851年开幕，展览委员会的会议在白金汉宫、温莎城堡和伦敦斯特兰德街的艺术协会举行。在其中一次会议上，阿尔伯特亲王亲笔修改会议记录，坚持要将其命名为"世界文明国家工业博览会"。他在决定接收和展出四类展品方面发挥了重要作用：原材料，机械和机械发明，制造品，雕塑和塑料艺术。筹款晚宴在市政官邸举行，如今当众说英语更有信心的亲王发表了讲话。

最终，人们为展会在海德公园里找到了一块场地。这在当地被称为"布伦普顿区"的富裕居民中引起了很大的恐慌，他们对在自己家园里建造这样的设施感到震惊，并对穷人可能给该地区带来的疾病感到恐惧。其他人，包括阿尔伯特亲王早期的对手西布索普上校在内，都质疑这个项目的合理性，并预言它将失败。在他们看来，阿尔伯特就是一个笑话。

在拒绝了所有寄来的建筑设计方案后，委员会最终看中一个迟到的来稿：由德文郡公爵的园丁约瑟夫·帕克斯顿（Joseph Paxton）设计的一座颇具未来感的玻璃和金属建筑。

园艺已经成为上流社会的一种爱好，园丁们被雇来照看新建造的玻璃和金属结构的温室，这些温室是为种植来自帝国各地的植物而建造的。

让帕克斯顿着迷的是，在德文郡公爵的大庄园查茨沃思（Chatsworth）有

迪金森兄弟（Dickinson Brothers）的合成图片之一，展示了铁和玻璃下的榆树和水晶喷泉

两株新来的植物——维多利亚·雷吉娅（Victoria Regia）的睡莲，其中一棵的叶子能承受住他 6 岁的女儿的重量。这对帕克斯顿设计展览馆巨大的玻璃屋顶的坚固金属柱子很有启发。自从 1779 年在什罗普郡塞文河峡谷的铁桥上首次成功地使用了铁质材料之后，该材料在建筑中的应用有了很大的进展。这时，位于伯明翰的钱斯兄弟（Chance Brothers）公司已经完善了弧形玻璃的制作工艺。

帕克斯顿设计的巨大水晶宫于两年后在海德公园建成，长 1848 英尺（约 563 米），最宽处有 408 英尺（约 124 米）。来自世界各地的 13937 家参展商的商品被送到这里展出。

展览馆里，第一批公共厕所建成，使用费为 1 便士（约为新币半便士），还设立了茶点区。参观者可以在这里购买怡泉（Schweppes）矿泉水、福特纳与梅森的食盒和卡莱尔的饼干。

女王对阿尔伯特批准建造的玻璃宫非常着迷，并为之自豪，常去参观。她的日记里写满了参观感想。她这样写道："阳光透过天廊照进来，给人一种仙

第七章　世纪中叶的变局

万国工业博览会场馆

女下凡般的感觉。尽管建筑规模巨大，但它是如此的轻盈和优雅。组织者们不得不考虑到所有的实际情况。他们意识到，扫地可以通过女士们的长裙来完成，污垢则落入楼板之间的缝隙中。"测试平台和阳台的强度是留给士兵们去做的，他们被带到平台和阳台上训练行进——这一点，维多利亚女王也观察到了。在另一次访问中，她看到了新运进来的货物，这些货物先被放到东区的码头，乘着马车穿过伦敦来到海德公园。来自俄国的货物迟迟未到，她心中暗喜；而看到卸下从帝国各地来的大量货物，她感到自豪。事实上，英国本土、帝国和印度的物产占据了大部分的参展面积，美国的约占2%。

1851年5月1日，维多利亚女王和阿尔伯特亲王从白金汉宫坐车前往水晶宫参加展览开幕式。女王像加冕前一样忐忑不安。她身穿粉色和银色的礼服，头戴钻石小王冠和闪闪发光的钻石首饰。当他们走进海德公园时，"天空下起了小雨，但是……当我们接近水晶宫时，阳光照射在巨大的建筑上，各国国旗在上面飘扬"。众人欢呼起来，巨大的管风琴和唱诗班的声音响彻了整个建筑。他们走到了被巨大的水晶喷泉和科尔布鲁克代尔（Colebrookdale）的金属大门所装饰的大殿前。通天廊建得很高，足以将公园里生长的巨大的榆树囊括在内。女王在阿尔伯特亲王、大使、议员、展览委员会成员、王室专员和其他政要的注视下，正式宣布展览开幕。随着仪式临近结束，现场的欢呼声和手帕也越来越多，大家挥舞着手帕庆祝这一盛大活动。

此次展会的成功超出了所有人的预期。600万来自全国各地各个阶层的人们，在这个奇妙的玻璃殿堂里看到了新奇而又新颖的东西，无不赞叹。有些人是第一次利用托马斯·库克的游览票来伦敦的。小说家居斯塔夫·福楼拜（Gustave Flaubert）从法国赶来，还有四位从中国远道而来的游客。维多利亚女王也和大众一样，被展览深深吸引，带着孩子们和其他家族成员参观；就连利奥波德舅舅也从比利时赶来，白金汉宫里挤满了想看展览的客人。

对维多利亚女王来说，每次到访都会有新的发现。她对无数美丽的事物感到惊奇和困惑，"这些美丽的东西……让人眼花缭乱"。在展览中，有来自印度的挂毯和锦缎、异国风情的珠宝、杯子、钩子底座、剑、盾牌、马鞍袋和写字台等，有些东印度公司带来的物品最终成为维多利亚和阿尔伯特博物馆初始收藏的一部分。东印度公司带来的一个真正的奇迹是克伊诺尔（Koh-i-nor）钻石。在 1860 年之前，世界上唯一的钻石是在印度发现的，而东印度公司也是在印度获得了钻石的供应。这颗巨大的钻石在锡克战争结束时被公司从拉合尔（Lahore）带到了博览会上，随后赠送给维多利亚女王。

在当时的印度，人们还没有掌握宝石切割的精细工艺，粗糙的宝石会被放入黄金和其他金属支架中。为了在展览会上展出，克伊诺尔被暴力切割，重量具有讽刺意味地从 186 克拉减少到 106 克拉。第二年，王室珠宝商加拉德（Garrard）将这颗璀璨夺目的大钻石镶嵌进一个王冠，像一个大花朵一样，周围配上 2000 颗小钻石，献给维多利亚女王。后来，这顶王冠被拆开，钻石嵌入乔治六世的王后伊丽莎白 1937 年加冕时佩戴的王冠中。

来自伯明翰的金属器皿——工具、棺材柄和珠宝；来自加拿大的独木舟和雪橇；来自奥地利和德国的精雕细琢的家具；来自德累斯顿的精美瓷器；来自意大利各省的书籍和雕塑；法国的丝带和花边；瑞士的刺绣和手表等，都让参观展会的人们大开眼界。维多利亚女王与查布（Chubb）先生聊起了他最新发明的锁具，还有小孩在信封折叠机上玩耍的形象。女王对许多展品的精美工艺和设计赞叹不已。有一架美国的"双钢琴……两端各有一人弹奏，效果很滑稽"。她买了很多东西，其中包括赫伯特·明顿公司设计制造的茶具。这家公司还展示了它按照皮金的设计制造的瓷砖。

许多国家机构和公司都向维多利亚女王赠送展品作为礼物。其中一件被称为"木头大教堂"的展品，如今庄严矗立在维多利亚和阿尔伯特博物馆，是奥地利皇帝弗兰茨·约瑟夫（Franz Josef）赠送给维多利亚女王的，由巨大的餐具柜和书柜组成，书柜里装满了意大利书商用皮革包装的书籍，由当时最优秀的奥地利维也纳的橱柜制造商卡尔·莱斯特（Karl Leister）父子公司的工匠用橡木制成，雕刻非常精细。书柜先被送进白金汉宫，后搬到爱丁堡的荷里路德宫（Holyrood House）。最终，乔治五世感到厌烦，将它交给了爱丁堡大学的林业系，后者于 1967 年将其赠送给了维多利亚与阿尔伯特博物馆。

工业设计这门新学科刚刚起步，很多展品的风格都带有嘲讽和滑稽的意味。虽然他们展示了最新的工业成果和新的技法，意图将其与传统的手工技艺结合到大规模生产中，但大多数的产品都被过度装饰了。只有少数像约瑟夫·帕克斯顿和亨利·科尔这样的维多利亚时代的人明白，设计的简约与装饰同样重要，正如尼古拉斯·佩夫斯纳（Nikolaus Pevsner）在1952年指出的那样，许多展品被装扮成繁复的、杂乱无章的维多利亚时代华丽样式，往往掩盖了本身的目的。比如，机器上刻着鲜花和动物，钢琴被装饰得像管风琴一样。这也许是受女王本人的影响，维多利亚并不厌恶穿上大量带有流苏和花边的衣服，喜欢生活在装饰性很强的家居环境中。

1851年10月15日，对于维多利亚女王和阿尔伯特亲王来说，是个感伤的日子。这一天是博览会的最后一天，阿尔伯特独自出席了闭幕式。博览会虽然结束了，但其影响波及几代人。1851年为管理博览会的收益而成立的皇家展览会委员会至今仍然存在，为来自英联邦的从事博士后项目研究的科学家提供资金，这些研究者中有许多是诺贝尔奖得主。

水晶宫关闭后，被拆除迁建于伦敦南部的锡德纳姆（Sydenham），这里的土地属于水晶宫的投资人之一，他同时也是伦敦至南海岸铁路的投资人。铁路水晶宫站便在这里落成。随着建筑的扩大，阿尔伯特的更多计划得到实施，并对周边设施进行了美化，包括自然历史展示，也包括恐龙模型、喷泉、溪流和秋千。这一切为维多利亚时代的家庭提供了一个精彩的一日游项目；事实上，阿尔伯特亲王的孩子们就来参观了。水晶宫搬到锡德纳姆，使新郊区变得更有特色，因为周围建起了别墅和豪宅。阿尔伯特亲王的愿景超越了博览会和水晶宫，还想在海德公园以南的展览路、克伦威尔路和皇后门之间的海德公园南面的区域建立一个宏伟的大学和博物馆城，这个梦想在他去世后逐步实现了。

弗洛伦斯·南丁格尔与克里米亚战争

在19世纪的大部分时间里，东欧地区被逐渐衰落的奥斯曼帝国控制。俄国沙皇看到了将其帝国的边界扩展到土耳其的机会。英国对于俄国的帝国主义野心和扩张企图一直抱有戒心。最后，俄国军队于1853年越过多瑙河，侵入土耳其。英法两国结盟，各派28000人的军队前往抵抗。

冲突很快蔓延到黑海北岸的克里米亚地区。盟军在塞瓦斯托波尔俄国军营以北建立了基地。1854年9月，盟军在阿尔马（Alma）取胜，围困了塞瓦斯托波尔。随着冬天的到来，在因克曼（Inkerman）和巴拉克拉瓦（Balaclava）

发生了小规模冲突。拉格兰勋爵（Lord Raglan）命令卢肯勋爵（Lord Lucan）出兵阻止俄国人并获取他们的武器装备，此时俄军已经在盟军的防线以内。就是在这里，轻骑旅奉命前进，攻击装备精良的俄国人。200多名英国士兵死于错误的冲锋令，更多盟军伤亡接踵而来，共有数百人死亡，因为部队对克里米亚冬天的酷寒毫无准备。

在瓦尔纳（Varna）郊外的斯库塔里野战医院，包括弗洛伦斯·南丁格尔在内的一群英国妇女在为受伤和垂死的士兵提供护理。南丁格尔小姐和她的同事们都不明白，尽管她们对士兵们做了护理，但还是有很多人死于疾病，而不是死于可怕的身体创伤。她们发现，医院的条件十分恶劣，没有通风和暖气设备，士兵们躺在肮脏的稻草垫子上，卫生条件极差，病菌肆虐。这些年轻的妇女们也很痛苦，她们在士兵死去的时候安慰他们；有时她们值夜班，照顾十个人，到了午夜时分，伤员就都死去了。补给品很少到达他们手中，英军的舰船只带着担架到达，而帆布床则在另外的船上，绷带等补给品则放在大型军械下面，这些军械将被部署到更远的海岸线上。

南丁格尔在前线

军队第一次要应对已经广泛使用的电报系统的影响，记者的报道比以往任何时候都要快得多地发回国内，所以英国民众很快就知道了克里米亚的灾难。维多利亚女王和政府对疾病造成的人员损失感到震惊。由政府派往斯库塔里和其他医院的新任卫生官很快就把骇人听闻的、肮脏的、传染性强的医院卫生状况定为死亡的原因。弗洛伦斯·南丁格尔和她的同事们迎难而上，挽救了一

在斯库塔里野战医院，弗洛伦斯·南丁格尔在安排伤病员的救治

些人的生命。这段经历对在护理病人时注意卫生防疫起到了关键的作用。维多利亚女王在急于打败沙皇的同时，得知伤亡消息后，悲痛欲绝，无能为力。她所能做的就是给一些寡妇写信，等伤兵回国后去医院慰问。

双方主要交战区域是黑海沿岸陆地，但英国和俄国之间在波罗的海海面也有交火，英国在芬兰附近海域击败了俄国。克里米亚战争最终是盟国取得了胜利，确实达到了牵制俄国的目的，但由于陆军军官的效率低下和指挥无能，这场战争被蒙上了阴影。具有讽刺意味的是，正是由于在与俄国冲突的波罗的海地区的一次英勇行为，维多利亚女王于1856年颁发出第一枚维多利亚十字勋章。采用阿尔伯特亲王的建议，这个英国所有荣誉中的最高荣誉，与其他任何荣誉称号都不同，只授予陆军或皇家海军官兵，不论军衔高低，只能因其英勇行为获得。海达号上的一名船副，20岁的爱尔兰人，将一枚落在甲板上的俄国人扔来的炸弹扔进海里，炸弹在海水中爆炸，这一行为拯救了这艘船和船上所有水手，他因这个英勇行为被授予勋章。所有的维多利亚十字勋章都是用英军在克里米亚海域缴获的俄军火炮的残片制成；勋章上面印有获得者的名字和其英勇行为发生的日期，并系在红丝带上。

战后，弗洛伦斯·南丁格尔回到英国，她可能是因为目睹了所遇悲惨景象而隐居不出。不过，她确曾到白金汉宫与维多利亚女王共进晚餐，并鼓励女王去查塔姆医院看望归来的受伤士兵。她告诉女王，虽然她可能觉得自己无能为力，但她的出现可以为鼓励病人做很多事情。1855年，维多利亚女王访问了查塔姆医院，对目睹的一切感到恶心和震惊，她看到的不仅仅是士兵们的伤病，还有被护理的士兵们所处的逼仄环境。

1855年，当克里米亚战争正处于高潮时，维多利亚和阿尔伯特乘坐他们的新游艇"维多利亚和阿尔伯特号"对英国的盟友法国进行了一次国事访问。维多利亚很喜欢法国风，尤其是她从一些设计师那里买来的巴黎服装。而法国的统治者拿破仑三世和欧仁妮皇后也被维多利亚女王的风范所吸引：毕竟，她生来就要担当君主的角色，出生后就学习和熟知必须掌握的所有的礼仪。

维多利亚十字勋章图示

然而，维多利亚并没有被在巴黎遇到的普鲁士政治家奥托·冯·俾斯麦（Otto von Bismarck）亲王所迷住，也对发现拿破仑三世正在建立武器库和舰队感到不满。1857年，拿破仑三世和欧仁妮回访英国，去了考文特花园的歌剧院，并在奥斯本下榻。

印度兵变

19世纪50年代大英帝国遭遇的最严重的危机发生在印度。1857年，印度爆发了一桩混乱和流血事件：孟加拉的一群印度士兵再也按捺不住对傲慢的英国军官的不满，发动了兵变。兵变的导火索是，英军军官们坚持要用印度教徒拜为圣洁之物的牛身上的脂肪来润滑新到的步枪。叛军行进到德里，试图拥戴被废黜的莫卧儿帝国末代皇帝巴哈杜尔·沙二世（Bahadur Shah II）复辟。叛乱的消息传开后，兵变发展到军队以外，包括许多平民，并影响到恒河沿岸的阿格拉姆（Agram）、卡恩波尔（Cawnpore）和勒克瑙，以及印度中部地区。

维多利亚女王读到这些消息的时候非常害怕，她希望流血和死亡人数没有报道的那么高；但当她最担心的事情被证实后，她的第一反应是批评帕默斯顿勋爵的暴行。不过，渐渐地，她和政府都不得不承认，这次兵变表达了人们对

印度兵变，奥兰多·诺里（Orlando Norie）绘，1857 年

英国的统治、东印度公司对印度人民的傲慢和压榨，以及对垄断贸易的不满和愤怒。女王仍然认为，印度是大英帝国的重要组成部分——被称为"帝国的瑰宝"，她不希望把控制权交还莫卧儿。最终，当东印度公司解散，印度的管理权交给英国政府时，她才松了一口气。同时，她对印度和印度的事物产生了终生的迷恋。

欧洲联姻

为孩子们在欧洲王室安排合适的婚姻，占据了维多利亚和阿尔伯特的大部分时间。在整个 19 世纪 50 年代，维多利亚和阿尔伯特一直在与孩子们可能的追求者进行无休止的讨论和会面。从 4 岁起，长公主维姬就注定要嫁给普鲁士王储弗里德里克王子（Crown Prince Frederick）。1855 年，这位 24 岁的普鲁士追求者来到巴尔莫勒尔。令维多利亚和阿尔伯特高兴的是，他似乎喜欢上了 14 岁的维姬。不知怎的，新闻界已经注意到了这次访问和可能缔结的婚约，这让维多利亚很不高兴：王室和新闻界之间的紧张关系早在20世纪前就开始了。

虽然维姬的未来似乎很有保障，但伯蒂和爱丽丝的婚事则较为复杂。伯蒂继续困扰着他的父母，女王夫妇尤其是阿尔伯特对王储的失望显而易见：他在学习上表现出的能力不强。实际上，伯蒂在16岁的时候就显出很强的天分，但即使在这个年龄，他也能享受到与他的祖父和阿尔伯特亲王的弟弟相似的生活方式。在家族其他成员眼里，伯蒂很风趣，很好玩，但在父亲眼里，他依然是个令人绝望的人。为了给他找一个合适的妻子——这个妻子有一天会成为王后——费尽心力。有人提议丹麦的亚历山德拉公主，但维多利亚和阿尔伯特一直反对丹麦对石勒苏益格－荷尔斯泰因的控制。爱丽丝公主的联姻计划问题不大，黑森－达姆施塔特的路易王子被选中了。总之，英国通过联姻主导欧洲王室的计划已经开始实施。

维多利亚公主和普鲁士王储弗里德里克·威廉结婚像，1858年1月25日，卡尔·苏斯奈普（Karl Sussnapp）刻版

在19世纪50年代，维多利亚的直系亲属中还有许多其他的变化，包括几个人的死亡。每次有人死亡，宫廷总是陷入数周的哀悼。1857年，王室发生了一次重大的离别，斯托克马尔男爵终于退休了，在英国为其家族不懈努力的他回到了德国。

在维多利亚女王大婚十八年后，阿尔伯特亲王的头衔问题仍然困扰着她。她认为，伴随着伦敦博览会的成功和其他很多成就，亲王的地位和能力肯定有目共睹，因此决定亲自处理此事，于1857年封阿尔伯特为亲王。1858年1月，王室成员和宾客们齐聚白金汉宫，参加维姬与普鲁士王储弗里德里克的婚礼。欧内斯特公爵从巴黎赶来，让大家得知意大利人企图暗杀拿破仑三世和欧仁妮的消息。在为即将到来的婚礼举行的晚宴和舞会上，王子和公主、公爵和公爵夫人们都参加了，他们穿着最新潮的时装，佩戴闪闪发光的珠宝。婚礼的前一

维多利亚公主和她的儿子威廉王子——维多利亚女王的第一个孙辈

天,年轻的维姬收到了父母送来的耀眼的珠宝首饰,包括蛋白石和钻石。

穿上霍尼顿花边的婚纱,这位紧张的女孩像她的母亲一样,在詹姆斯宫的皇家小教堂里跪下来,重复她的誓言,成为普鲁士王储弗里德里克·威廉的妻子;随后,在费利克斯·门德尔松《婚礼进行曲》的伴奏下走下通道,回到白金汉宫。随即,夫妇俩出现在白金汉宫的阳台上,向欢呼的人群致意。

维多利亚和阿尔伯特为他们对爱女的长期规划见效而感到高兴的同时,也为这个年轻而又聪明的女孩要离开他们而悲伤。正如过去经常做的那样,维多利亚女王在1858年1月12日写给利奥波德舅舅的信中表达了这种情感:

这是一个充满了烦恼和焦虑的时刻,我感觉到丢掉自己的孩子是很可怕的,对于即将来临的离别感到非常紧张……维姬……自1857年2月以来,一连串的告别对任何人来说都是最难受的,尤其是对一个如此年轻又如此感情丰富的女孩。她的自制力有了很大的提高,而且很聪明……也很懂事,我们可以和她谈任何事情——因此,我们会很想念她。

在温莎度完蜜月后,维姬到了永远离开父母而去柏林的时候了。阿尔伯特很难过。1858年2月3日,阿尔伯特随同聚会的人一起前往格雷夫森德(Gravesend),在与女儿告别时,这个害羞、内向的男人强忍住泪水。虽然维多利亚女王很想念女儿,但女儿的结婚和随之而来的分离,却让她有机会与女儿进行了长时间的通信,持续了43年之久。在书信中,她们争论,开玩笑,互相劝慰,也互相支持,讨论国家事务和两国之间的政治分歧。

早期,母亲在信中向女儿分享了新娘所面临的困难,写到了在不怀孕的情况下努力满足丈夫的愿望的问题。令维多利亚女王失望的是,维姬在结婚后一年内就怀孕了。更让她吃惊的是,当她和阿尔伯特访问柏林时,维姬与他们公开谈论即将生育的计划。

1859 年 1 月 27 日,普鲁士的威廉王子出生,维多利亚和阿尔伯特当上了外祖父母。不过,女王的第一个外孙,即后来的凯撒·威廉二世(Kaiser Wilhelm II),好多年让维多利亚苦恼不已。

就这样,维多利亚结束了这十年,为她的大女儿的远嫁伤心,为儿子的不走正道担忧,但为丈夫,为丈夫的成就和他们的婚姻带来的巨大幸福而高兴的十年。"我那幸福的婚姻,给这个国家和欧洲带来了如此普遍的福祉!我亲爱的、完美的阿尔伯特还有什么做不到的?他把君主政体受尊敬的程度推到巅峰,让王室受欢迎的程度超过以往任何时候!"

女王在悼念她的丈夫

第八章　延绵不尽的哀悼

尽管维多利亚女王一直担心丈夫身体虚弱，会因为工作量越来越大而影响健康，但再多的担心和忧虑也无法让她对 1861 年出现的对她终生影响巨大的两个事件做好准备：她的母亲和丈夫的离去。

从 1856 年开始，维多利亚和阿尔伯特的几位亲信相继去世，宫廷一直沉浸在哀伤之中。与维多利亚女王关系密切的威廉四世的遗孀阿德莱德王后于 1849 年去世，这虽然令她伤心，但并没有像阿尔伯特亲王的父亲去世那样引起悲痛。1856 年，维多利亚同母异父的哥哥、莱宁根的查尔斯亲王去世，不久，他们的表妹内穆尔公爵夫人维多利亚也去世了。这两人的死亡给维多利亚女王的宫廷笼罩上无常的阴影。

阿尔伯特亲王从来都不是一个身体强壮的人。现在，他工作比以往任何时候都更努力，总有更多项目等他去做，更多委员会要他参加。他拒绝放松和休息。博览会成功举办后，他又参与了 1862 年在南肯辛顿（South Kensington）举办的另一个国际展览会的策划，设计并建造了一座新建筑。他还参与了新建贫民住房计划、园艺协会、奥斯本和巴尔莫勒尔的后续建设项目，同时还是他妻子的非官方顾问、负责子女教育的一家之主。阿尔伯特曾向斯托克马尔抱怨说，他太忙太累了，如果死神来侵扰的话，他将无法与之抗争。

维多利亚和阿尔伯特都非常想念婚后住在柏林的大女儿维姬，而对他们的大儿子伯蒂——未来的国王——的状态担忧焦虑。伯蒂很容易被人左右，尤其是容易受年长的、有权势的男人影响，他觉得自己不如父亲。他无法通过考试，对读书也没有表现出兴趣，这让阿尔伯特亲王对他的期望落空了。关于他的生活方式的流言蜚语开始在英国和国外流传开来。

当有人向阿尔伯特报告了欧洲人对他儿子的议论时，阿尔伯特很生气，但同时也很难堪，以为儿子似乎和他的许多亲戚——父母双方都有——一样，走上了邪恶之路。他最担心的是，如果丹麦的亚历山德拉公主听说了他儿子的劣迹，会拒绝与他见面，更遑论嫁给他。好在，已经有一儿一女的维姬出手相助，为这对年轻人安排在德国相会。

与此同时，爱丽丝公主的追求者、黑森－达姆施塔特的路易也显得难以捉摸，但阿尔伯特亲王已经力不从心，无法再关注这次联姻。维姬希望妹妹嫁给普鲁士人，只有维多利亚女王对黑森－达姆施塔特家族有意向。还有，年幼的利奥波德王子的健康问题让人担心。对女王夫妇而言，有一点让他们宽慰，就是小贝特丽斯充满活力，很讨人喜欢。然而，到了1860年的圣诞节，夫妇俩烦乱不堪，精疲力竭了。

肯特公爵夫人之死

维多利亚女王和她母亲之间的裂痕早已弥合，现在，两人几乎每天都有联系。肯特公爵夫人住在温莎附近弗罗格莫尔（Frogmore）的大房子里，在奥斯本也有一套公寓。1861年3月初，她对人说自己得了脓疮，医生建议进行手术治疗。当时的手术是非常危险也很痛苦的，因为经常会发生感染，而且麻醉术还处于初级阶段。结果，手术不成功，公爵夫人病情恶化。

3月15日晚，维多利亚女王夫妇从白金汉宫来到母亲在弗罗格莫尔的住所。女王和阿尔伯特看到母亲临终前的状态，都非常难过。维多利亚大半夜都在母亲房间蹑手蹑脚进出，第二天早上，母亲紧握着女儿的手去世了。

维多利亚女王心神不宁，阿尔伯特也无力安慰她。王室进入守丧状态，所有人都用适当的黑衣、黑丝带和黑边的书写纸来表示哀悼。女王陷入深深的抑郁情绪之中，感觉自己现在是个孤儿了。她翻阅母亲生前写过的东西，吃惊地发现，自己小时候的一切几乎都被保留了下来。她在母亲的日记中读到，多年前康罗伊爵士在时，自己对母亲唯有蔑视，而公爵夫人却对她爱意满满。维多利亚很伤心，多少年里，她一直认为母亲并不关心自己。

女王越读越伤心悲痛。她决定在弗罗格莫尔为母亲建造一座陵墓。18世纪末和19世纪的王室和贵族阶层，为亲人建陵墓并不罕见。利奥波德舅舅1817年在克莱蒙特为他的第一任妻子夏洛特公主建造了一座陵墓，同样，阿尔伯特亲王和他的哥哥1844年在科堡为他们的父亲老欧内斯特公爵做了同样的事。19世纪50年代末，在阿尔伯特亲王的指导下，由曾在奥斯本工作过的路德维格·格鲁纳（Ludwig Gruner）设计，在弗罗格莫尔的庭院里为公爵夫人建造了一座圆形石屋，维多利亚女王决定将其改造成母亲的陵墓。陵墓下方竖立一尊公爵夫人的全身雕像，地板上放着的石棺里安放她的遗体。

此时，阿尔伯特亲王无法帮助妻子摆脱丧母之痛，而更沉浸于自己的工作。1861年夏，在巴尔莫勒尔度过的几个星期似乎让维多利亚恢复了活力，但阿尔伯特并不如此。他的身体越来越虚弱，无法摆脱经常受寒的影响。到11月中旬，王室传来了更多关于伯蒂在外胡作非为的消息，这次是和爱尔兰有关。精疲力竭、心烦意乱的阿尔伯特亲王给儿子写了一封谅解信。他瞒住伯蒂，将他走入邪途的行为告诉了维多利亚。

安东尼·克劳岱镜头下的肯特公爵夫人，1856年

阿尔伯特亲王之死

从这时起，维多利亚女王和医生们注意到阿尔伯特亲王的体力和精力在迅速衰退，回想起来，他们认为，这是因为潜伏在他身上的伤寒病发作了。渐渐地，他的身体衰弱不堪，发烧到无法参加活动。维多利亚知道情况不妙，但詹姆斯·克拉克爵士和威廉·詹纳（William Jenner）医生（1860年詹姆斯爵士正式退休后，威廉·詹纳成为皇家内科医生）也许是为了不让她知道最坏的境况，坚持说病情会好转，亲王会康复。然而，到12月初，他们怀疑他是得了伤寒病，只好告诉女王说，亲王的病情将会恶化。

威廉·詹纳医生善于识别伤寒病症状。这位才华横溢的病理学家，刚刚发现了伤寒和斑疹伤寒病菌之间的差异，该发现被视为寻找治疗这些致命疾病的方法的里程碑。詹纳发现，伤寒是由感染的虱子咬伤病人身体后通过血液传播的；十天后会出现头痛、发烧和皮疹，随后昏迷，必死无疑。

第八章　延绵不尽的哀悼

女王度假胜地一角

而斑疹伤寒则不同。詹纳发现，斑疹伤寒菌寄存在被污染的食物或水中，通过口腔进入体内。由于当时人们对良好的卫生习惯和对婴儿时期的清洁卫生知识不足，很多食物和水都不干净。斑疹伤寒病菌进入体内后，导致败血症，经过约十天的潜伏期，患者出现头痛、发烧、失眠、咳嗽、腹泻等症状。初期患者还能行走，但两周后出现皮疹，内脏感染后肠胃出血，接着是精神错乱，很快死亡。

维多利亚心烦意乱，但仍想方设法让阿尔伯特精神振作起来。但他神志不清，发烧，卧床不起，忽然有一次又能走动了，还穿上了衣服。詹纳医生告诉维多利亚，他的病情有所好转。然而，希望很快就变成了绝望，因为她眼睁睁看着丈夫变得神志不清，肠道问题也越来越严重。一个星期后，他不认识她了，说话只讲德语。

12月13日，躺在温莎的蓝厅里的阿尔伯特呼吸变得微弱，神志模糊。心烦意乱的家人都围在床边。精神近乎崩溃的女王被搀扶到前厅，爱丽丝公主不停地安慰她。1861年12月14日，星期六，阿尔伯特亲王辞世。维多利亚女王和她的孩子们都惊呆了：原来医生们给了他们很多虚假的希望！女王号啕大哭，她失去了一切——她最亲密的朋友、顾问、丈夫和一生的至爱。几天后，她写信给一向视为父亲的利奥波德舅舅，说："可怜的八个月大的孤儿，现在又成了42岁的寡妇，我的心碎了，我被毁了！我的幸福生活就这样结束了！"

这位丧偶的母亲有9个孩子，最小的只有不到5岁。她想到死，她无法看到自己从这种无望的境况中走出来的前景。她无法入睡，因为害怕梦见阿尔伯特。伯蒂的悲伤情绪让她心烦意乱，也让她愤怒，她甚至把阿尔伯特的死归咎于他，也许爱尔兰事件的打击无可挽回地削弱了阿尔伯特的精力。在写给维姬的信中，女王描述了自己的孤独、焦虑和对工作的不安全感。阿尔伯特一直在庇护和引导她，她觉得自己还是那个不成熟的19岁少女：

> 我必须工作，必须工作，必须工作，而且不能休息，而压在我身上的工作量是我无法承受的！我的工作是我无法承受的。一向厌恶事务的我，现在却只剩下了这一点！不管是公事还是私事，都落在了我的身上！他，我的宝贝，他为我减轻了所有的一切，免除了所有的麻

烦和忧虑，而现在我必须独自承担！

孩子们也因失去了"最亲爱的爸爸"而感到绝望。维姬的信中就透露出这种绝望情绪，因为他们每个人都失去了一位值得信赖的顾问和朋友。伯蒂悲痛欲绝，他从来没有想过父亲会死，当他看到父亲躺在病床上时，非常震惊。也许他期望终有一天会得到父亲的认可，现在一切都太迟了。阿尔伯特死后几个小时，他来安慰母亲，让她放心，保证以后会努力做好自己。

维多利亚女王下令为丈夫守丧时间为三个月整，而且家家户户必须穿黑衣一年。参加宫廷活动的人必须身着黑色服装。她自己从此终身穿黑服，一穿就是四十年，虽然有时她也会戴上白领和黑色的珠子，以冲淡一下效果。利奥波德舅舅来英国住了几个星期，安慰外甥女，参加葬礼，协助处理公事。

悼词不断发来。阿尔弗雷德·丁尼生勋爵写信给女王，新闻界对女王和国家的损失表示惋惜，称阿尔伯特亲王改变了英国和世界的面貌。这与二十年前他来到英国时受到的敌视完全不同：这个外国人现在已经是英国人了。他的辛劳、献身精神和勤勉被特别提到，人们认为他

阿尔伯特亲王去世前几个月与女王在高地

影响到了每个人的生活。1861年12月21日,《伦敦新闻画报》发表的悼念文章具有代表性:

皇家医师威廉·詹纳像

> 上周六,阿尔伯特亲王殿下的去世,是这个国家多年来遭遇的最严重的灾难……我们慈祥的女王!她的人民的心在流血。她的人民的心与她的心同在流血。人民与她同甘共苦,被同样的悲凉压得喘不过气来。那些可怕的消息……无情地摧残她的爱的心灵……使民众的心灵受到了严重的伤害。英格兰与其丧夫的女王一起哀悼。英国的每个家庭都为死神闯入王室而感到惊惧和悲哀,当死亡夺走他们的骄傲和欢乐时,每个家庭都会感到恐惧和悲伤。暂时还没有任何安慰。一切都在黑暗和神秘中。
>
> 我们中的大多数人都能记得,当年轻的亲王从他父王的宫廷来到这里实现对少女的爱情承诺时,我们和王室成员共同感受到了喜悦和满足。在这个国家,王室婚姻很少有完美无缺的,因此,这种破例的婚姻唤醒了人们的兴趣,一种亲切的同情的气氛包围着他们,并在整个王国中弥漫着希望和喜悦……新郎成了丈夫,丈夫成了父亲,父亲成了爷爷,他丝毫没有失去他在这个国家所获得的敬爱。

该杂志接着评论说,

> 亲王来到这里,如果没有地位和目标,本可以成为一个闲人,但他却选择不这样做,而在提升人文科学和改善英国人民生活方面找到了自己的位置。

评论认为"大展会"(伦敦万国工业博览会)是亲王的主要成就。

亲王的葬礼

19世纪,妇女一般不参加葬礼,维多利亚遵守成例,没有为丈夫送葬。威尔士亲王是主丧人,他的弟弟阿尔弗雷德亲王和已故阿尔伯特亲王的哥哥、萨克森-科堡的欧内斯特公爵陪同治丧。据《伦敦新闻画报》报道,阿尔伯特亲王的葬礼"……尊重朴素的和最愿意有私人空间的亲王殿下的明确意愿……打破了王室惯例。葬礼于12月28日在温莎的圣乔治教堂举行"。

从黎明开始,温莎城堡降半旗志哀,皇家炮兵每隔5分钟鸣枪致敬。成群结队的人赶来参加葬礼,整个小镇陷入停顿。全国各地的店铺关闭,教堂包括犹太教堂都举行了祈祷仪式,以表达对女王已故丈夫的敬意。在伦敦,由4000人参加的葬礼在圣保罗大教堂举行,全体人员身着黑色衣服,泰晤士河上的所有船只都降半旗。从来没有哪个王室葬礼对国家的影响如此之大。

上午10点30分,一列火车从伦敦开到温莎站,载着贵族和政治家们。在女王的指挥下,11点30分,大家前往圣乔治教堂。对立党派的政治家们出席并坐在一起。自1859年以来一直担任首相的帕默斯顿勋爵因痛风发作未能出席。

中午时分,送葬队伍到达灵堂,每隔一分钟鸣枪一次。殡仪队由十辆丧车组成,每辆丧车配四匹马,载着与亲王关系密切的绅士们,包括詹纳医生、詹姆

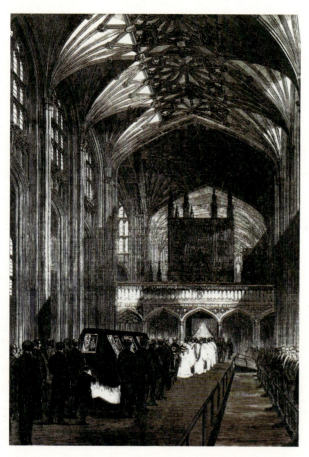

在温莎圣乔治大教堂举行的阿尔伯特亲王葬礼

斯·克拉克爵士、侍从、马夫、内务大臣。最后一辆马车载着王室成员和斯宾塞伯爵，他是已故亲王殿下结婚时的伴郎。随后是由护卫队护送的六匹马运载的灵车，后面跟着载着家人的四辆马车。亲人们从沃西大门进入教堂，守灵人抬着灵柩跟在后面。

威尔士亲王、亚瑟亲王和欧内斯特公爵诵读经文，唱德国圣歌，包括路德的《伟大的上帝啊，我所见所闻》等，人们情绪十分激动，当棺材降入皇家墓穴时，悲痛的哭声不绝于耳。《死亡进行曲》奏响，威尔士亲王俯身到墓穴，将当天早上从奥斯本送来的鲜花放在棺木上，这是他母亲明确表达的愿望。阿尔伯特亲王的死因被记录在温莎镇的登记簿上，由出生和死亡登记官托尔斯（Towers）先生见证，威尔士亲王签名，"死因：伤寒发烧，病程21天"。父亲去世时，威尔士亲王也在场。

《时尚》杂志上刊载的儒勒·大卫有关丧服的绘画

哀悼中的宫廷

在维多利亚时代的英国，守丧期对每个人来说都是很平常的，王室也不例外地不得不面对这种悲痛的事情。许多家庭都会发生突然的和过早的死亡：母亲和婴儿、儿童和成年人因疾病或工伤死亡，战争导致成千上万的年轻人死亡等。报刊上常登载哀悼服装的广告，服装设计师根据客户的要求，对现有的服装款式进行调整。

1775年，当胡格诺难民乔治·库尔陶成为伦敦东区斯皮塔菲尔德的丝织学徒时，几乎没有人想到，他儿子的公司在19世纪50年代至60年代，会成为按照保密的尺寸制作成千上万黑色绉纱衣服的公司，供中上层阶级守丧时穿着。1860年，法国里昂的丝绸制造商遇到了困难，幸运的是，英国纺织商以极低的价格收购了它的大量库存，这意味着在阿尔伯特亲王去世的时候，人们比以往更容易买到丧服。

丧服时尚与时俱进，越来越多的黑色连衣裙、大衣、帽子设计和墨色珠宝的广告出现在报刊上——即使在哀悼和悲伤的时候，女人也必须要有时尚感。然而，黑色的时尚并没有帮助许多苦苦挣扎的男子服饰业，因为这些男装企业的成功是建立在彩色纱线和织物的生产和利用上。

据服装史学家斯坦尼兰德介绍，维多利亚女王的丧服设计，甚至在阿尔伯特亲王去世后，也是紧跟时尚潮流的，其中有法国新锐时装公司的影响。一位在巴黎工作的英国设计师查尔斯·弗里德里克·沃斯（Charles Frederick Worth），曾受欧仁妮皇后和维多利亚女王的宠爱，他的作品特别时髦。在这期间可见维多利亚穿着一件时髦的黑色绉纱裙，紧身上衣直到腰间，裙摆饱满，臀部有褶皱，有白色小领子，配白色系带的寡妇帽。她的孩子们也都穿上了黑色的衣服：公主们穿弹力布连衣裙、黑色丝袜和鞋子，王子们则穿上了黑色的西装和鞋子。

《伦敦新闻画报》在1861年12月28日的版面上，刊登了适合时髦女人穿的不同类型的丧服的广告，其中法国人的影响显而易见。

一月份"丧服"时尚

CORINNE 是一件富丽华贵的玻璃丝裙子，有一个翻边，底部用绉纱修饰，在每一个点上都有丰富的喷水花和丝质装饰品，离底部绉纱的翻边18英寸（45厘米）。裙摆为方形宝塔袖，露出白色薄纱的下摆；腰部和裙边饰以Chatelaine品牌的绉纱做了恰当搭配。

MONTE ROSA，圆形斗篷，宽大，可以显出身体的优雅线条；修剪的风格是最大的创新之处，由宽大的绸带组成，用丝线缠绕在颈部，从后背和前额的中央向下延伸，在距离斗篷底部有一段距离的地方悬停，顶端是漂亮的流苏装饰；裙摆上有一圈可折的绸带。

维多利亚女王的悼念礼制

阿尔伯特去世后,维多利亚迅速制定并实施丧期礼制,其中许多一直持续到四十余年后她自己去世。亲王的所有房间都不能改变,他的肖像要挂在床头的墙上,雕像摆放在房间里。1862年1月,女王从他在奥斯本的住所给维姬写了一封信,明确表示相信阿尔伯特也在这里:

> 在敬爱的爸爸的房间里写信,就在他的桌子上,让我以我们两个人的名义写下我们的名字——亲爱的爸爸也祝你快乐,我知道并感受到了——祝你快乐,我们亲爱的,亲爱的小威廉生日快乐……他那么爱那个可爱的孩子,急切地想见他,而且深信他是多么的聪明……

维多利亚女王计划把温莎城堡阿尔伯特去世前所在的蓝厅献给他,并视之为圣地,用半身像和雕塑,以及一些印在瓷器上的拉斐尔的画来陪伴他的魂灵。格鲁纳先生再次被请来为她出谋划策。

礼制中最引人注目的一项,是女王后半生都要戴上寡妇帽,穿着黑色服装,这让她的形象牢牢地固定在公众心中。她永远不会忘记阿尔伯特,将终身活在对他的悲悼之中。

就在父亲去世半年多后,爱丽丝公主于1862年7月与黑森-达姆施塔特的路易王子结婚。仪式在白金汉宫举行,维多利亚女王以忧郁的气质和黑色服装主导了婚礼的进程。她迁就同意女儿穿上白色婚纱,但最终还是坚持要她穿戴上一束黑色带子。第二年,威尔士亲王在温莎的圣乔治

威尔士亲王和王妃结婚照

第八章 延绵不尽的哀悼

弗罗格莫尔的阿尔伯特亲王陵墓。

1863年3月10日圣乔治教堂记录威尔士亲王和王妃亚历山德拉公主结婚的文件

教堂与丹麦的亚历山德拉公主举行了婚礼。维多利亚女王再次出席,并在旁听席上观看,仍然身着黑色礼服,周身散发着悲伤的气息。

阿尔伯特亲王去世后的几周里,各地举行了许多私人和公共纪念活动。女王在丈夫去世几天后,就开始筹划丈夫的最后安息地,并为丈夫建造纪念设施。

在为肯特公爵夫人建造陵墓后,维多利亚女王着手为她的丈夫和她自己建造一座合葬墓,并计划将圣乔治教堂的一处小教堂改建为阿尔伯特纪念教堂。多年前,她和阿尔伯特就曾讨论过他们的安葬计划,并决定不在威斯敏斯特大教堂和圣乔治教堂内设立正式的王室安息地。这无疑是受了当时流行的陵墓的影响,他们决定为自己建造一座合葬陵墓。

丈夫去世四天后,维多利亚在弗罗格莫尔的院子里她母亲的墓地附近找到了一个地方。路德维格·格鲁纳被任命为建筑师和设计师，由 A.J. 亨伯特协助，维多利亚女王和她的家人，特别是维姬，都为这个计划做出了贡献。

建筑于 1862 年春天开工，次年 12 月提前完成。这座建筑采用了古典而非哥特式的风格，以希腊式的十字架为基础，宽 21.4 米，中央穹顶高 21.4 米。建筑用从英国各地运来的花岗岩和波特兰石建造，墓穴用澳大利亚铜制作。墙壁上用雕像、狮子纹章，以及亲属们送来的纪念品装饰，内墙则饰以拉斐尔风格的画作。1868 年，阿尔伯特亲王的遗体被安放在八角形建筑中间的灰色阿伯丁花岗岩墓穴里，旁边留有供维多利亚女王安放遗体的空间。1867 年，卡洛·马罗舍梯（Carlo Marochetti）为女王夫妇做了小型雕像，阿尔伯特亲王的雕像被安放在他的墓中。四个小礼拜堂从八角形的建筑向外辐射。维多利亚女王在有生之年，每年都会到这里探望她亲爱的阿尔伯特，与他近距离相处，从中获得安慰。1863 年，斯托克马尔男爵去世，维多利亚女王为了纪念他，在弗罗格莫尔的院子里放置了一个纪念性的十字架，即斯托克马尔十字架。至此，利奥波德舅舅是见证维多利亚女王早年生活者中唯一一个还健在的人了。

建筑师乔治·吉尔伯特·斯科特（George Gilbert Scott）受命将温莎的小教堂改建成了阿尔伯特纪念教堂，成为维多利亚时代哥特式建筑的一个典范。在这里，高高的拱形天花板上铺满了意大利马赛克和大理石，墙壁上镶嵌着亨利·德·特里凯提（Henri de Triqueti）的画，表现的是维多利亚认为能让人联想到阿尔伯特亲王的善良及其生活经历的《圣经》中的场景。很快，建造公共纪念馆的计划也付诸讨论。亨利·科尔回忆起阿尔伯特亲王关于建立一所设计学院和一个规模庞大的艺术、科学和人文学院的想法，提议建立一所像伦敦大学一样的工业大学，称为"阿尔伯特大学"。这个建议最终落实为伦敦南肯辛顿的艺术和科学博物馆和学院中心，这个大型艺术和科学中心是用伦敦博览会的收益建立起来的。维多利亚与阿尔伯特博物馆、科学博物馆和大英博物馆自然历史馆与皇家艺术学院、帝国理工学院、皇家矿业学院、皇家音乐学院、皇家风琴师学院和皇家阿尔伯特音乐厅都设在这里，这片区域因此被称为阿尔伯特城（Albertropolis）。虽然现今已不复存在，但仍然是阿尔伯特亲王最伟大的纪念设施，其中的学院和博物馆仍然是今天全世界公认的卓越机构。

1862 年，人们计划在肯辛顿花园内，面向阿尔伯特城，建造一座更大的

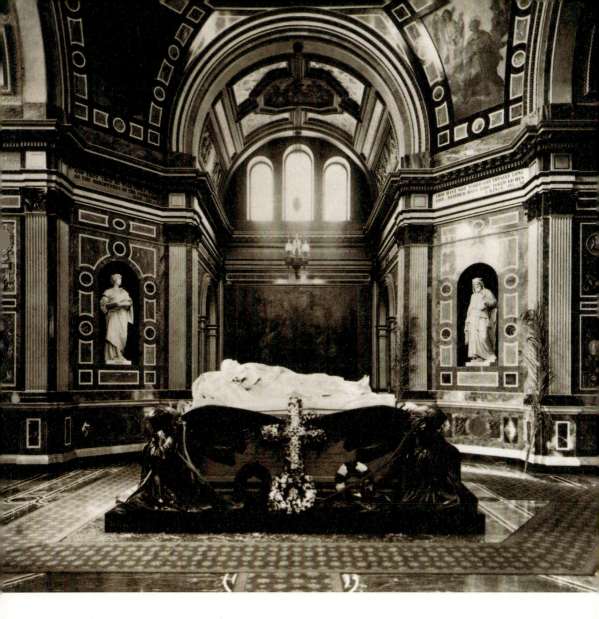

弗罗格莫尔陵墓中阿尔伯特亲王的棺椁

公共纪念设施,该项目历时十年才完工。建造阿尔伯特纪念馆的想法最早在伦敦市政厅举行的一次会议上议定的,当时全国各地都为之捐款,议会也捐了5万英镑。维多利亚女王非常投入地参与这个项目,亲自选定设计方案,再次由斯科特设计。这座富丽堂皇的维多利亚时代的哥特式纪念馆建在200英尺(约61米)高的正方形基座上,180英尺(约55米)高的天幕耸立在阿尔伯特亲王的雕像之上。整座纪念馆内有代表欧洲、非洲、亚洲和美洲的雕塑;有花岗岩台阶通向阿尔伯特亲王像,周围有代表农业、制造业、商业和工程的雕像,以及其他画家、诗人、建筑师、音乐家、科

埃德温·霍尔特（Edwin Holt）为新建的阿尔伯特纪念馆所作绘画

学家和人文学者等人物的雕像。

1876年，阿尔伯特亲王身穿吊带长袍，手持约翰·弗利（John Foley）创作的《大展会官方目录》副本的巨大雕像揭幕。1863年，艺术协会为了纪念已故协会主席阿尔伯特亲王所做贡献，特制了阿尔伯特勋章。

通过组织和参加追悼会和悼念仪式，维多利亚女王完全沉浸在悲痛之中。尽管她是君主，但似乎已经从公众的视野中消失了。她相信，国家和帝国人民会理解她，因为她的毁灭性的损失也是他们的损失。她将因此隐居多年。

第九章 寡妇女王

维多利亚女王对守寡的态度,虽然以现代标准来看显得极端,但在19世纪并不罕见。在妇女解放运动开展之前,一个家庭的决策权都交给一家之主的丈夫,妻子忠于丈夫,尊重他的所有意见。和其他丈夫一样,阿尔伯特亲王也是一家之主,他的妻子也一直服从于他;即使是穿着打扮,她也只穿丈夫认可的衣服,如果丈夫不喜欢,她不会大胆出门的。

但与大多数同龄人不同的是,阿尔伯特对妻子不仅仅是一个丈夫。现在,维多利亚女王不仅为失去伴侣感到悲痛,更重要的是,她失去了一个知己,失去了一个与她的君主角色密切相关的顾问。她登基前二十年里,丈夫告诉她该如何应对,该说和该做什么。如今,丈夫不在了。一开始,她还能够预知丈夫对某一特定情况的反应,但随着时间的推移和观察问题角度的不可避免的变化,女王不得不学会形成自己的意见,并独立做出决定。

女王的性格也在变化。她不能像早期依靠墨尔本那样,指望得到首相们的支持和指导。1865年,帕默斯顿勋爵去世,他的首相位置暂时由拉塞尔伯爵接替,接着是德比伯爵(Earl of Derby),随后是本杰明·迪斯累里。迪斯累里的第一个短暂任期是在1868年。那一年,自由党(辉格党)赢得了选举,并继续执政,由威廉·格莱斯顿(William Gladstone)担任首相,执政至1874年。虽然格莱斯顿是那个世纪最伟大的首相之一,但维多利亚女王从未喜欢过他,

阿尔伯特亲王在巴尔莫勒尔的起居室,转引自女王《我的高地生活日记》

维多利亚女王1867年摄于巴尔莫勒尔,看起来比实际的48岁要老很多。W. & D. 多尼·塔肯(W. & D. Downy Taken)摄(对页)

还曾经抱怨说："他对我说话的样子，就好像我是公众的寡妇。"格莱斯顿的改革倾向，以及他希望使英国君主制真正变成立宪制的意图，使他常常不顾及女王的意见，因此激怒了女王。

维多利亚时代的寡妇，沉浸在深深的悲悼中是很常见的事情，订立礼制并数年遵守，甚至直到度完余生的情况，也不罕见。对维多利亚女王来说，像把阿尔伯特亲王去世时的房间保持原样，并在房间里生火，以及纪念他的生日等仪式，对于保持对他的记忆至关重要，因为如果记忆减退或被更快乐的想法所取代，内疚感就会很快地涌上心头。维多利亚女王成为有史以来最伟大的寡妇，守寡长达四十余年。有时，这么做几乎成了迷信行为，但如果低估她内心真正的绝望，也是错误的，正如1863年1月22日她在奥斯本写给维姬的一封信中所描述的那样：

> 我必须有尽可能多的安静日子。你永远不会相信，我是多么的不健康，多么的疲惫和紧张，但任何谈话或刺激对我来说都是太多了。我必须经常独自进餐，任何欢声笑语或交谈都会让我难以忍受。

隐退到阿尔伯特的房间

维多利亚女王忠诚于阿尔伯特的一个重要表现，是她余生的大量时间在阿尔伯特亲手创建的家园奥斯本和巴尔莫勒尔度过。在这些地方，女王能感受到丈夫的存在，这种感受让她感到更舒适。她甚至相信，在自己绝望的时候，阿尔伯特可能会再次出现。她隐居十年，大部分时间都住在巴尔莫勒尔和奥斯本，很少去白金汉宫和温莎城堡。

对她身边的许多人而言，这是一个巨大的考验，因为他们可能会连续几个月远离家人和伦敦的生活。特别是在巴尔莫勒尔，生活可能会很不舒适。即便在最冷的天气，女王也坚持开窗。在这些事情上，或者说在任何事情上，没有人可以不遵守女王制定的规矩。天长日久，阴郁和绝望一定让人疲惫不堪，难以忍受。

维多利亚女王有时会考虑到来世，想她是否能再见到心爱的阿尔伯特。她会坐在房间里，"每时每刻都在期待着能见到亲爱的爸爸！"这是她对女儿说的。她的服装也成了老年寡妇装束，因为她要故意穿得比她实际年龄老得多。1867 年她 48 岁时的一张照片显示的形象，看上去仿佛一个 60 多岁的老妇。由于她不再需要为取悦阿尔伯特而穿衣打扮，所以她选择了更舒适的服装，甚至不穿胸衣，这样一来，身材就更显得丰满。

维多利亚女王的生活重心完全固定在失去阿尔伯特亲王这件事上。她出版了丈夫的演说集，并考虑出版一本他的传记。但她现在必须独自一人考虑孩子们的婚姻问题，有时会与维姬商量，尽管与大女儿距离遥远——维姬现在已经成为她的知己。1863 年，她访问科堡，去罗森瑙看了那里为阿尔伯特亲王立的纪念碑，在柏林，她看望了维姬。

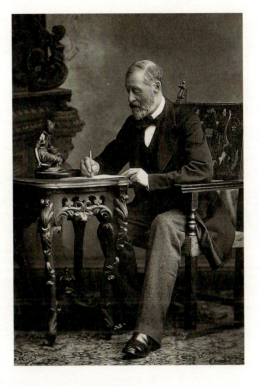

亨利·庞森比爵士

维多利亚女王如此沉浸在寡居生活中，以至于对人民的感受一无所知，甚至错误地认为他们对她的悲伤感同身受。詹纳医生担心她的身体和精神健康会进一步恶化，坚持不让她知道任何关于共和派言论的报道。尽管公众在阿尔伯特猝死后感到震惊并表示了哀悼，但阿尔伯特的优点在公众心目中的神秘感无法长期保持，许多人会疑惑怎么可能有这样完美的人。

女王的臣民们眼睁睁看着君主沉浸在寡居和追念中，她的悲痛似乎没有减轻的迹象。时间流逝，隐居的维多利亚没有重新出现在人民面前。于是，要求她退位的呼声越来越高，人们经常质疑这位消失不见的女王的花销问题。而维多利亚女王向格莱斯顿政府提出的为自己和家人提供更多钱物的要求，无助于缓和这种局面。

女王与约翰·布朗，跪着的是路易丝公主，塔肯摄

家庭的变化

不是所有的事情都能像阿尔伯特去世时的房间那样保持不变，维多利亚不得不接受她的身边服务人员的变化。曾深得阿尔伯特亲王信任的亨利·庞森比爵士，成了维多利亚女王的秘书。他是个讨人喜欢、幽默风趣的人，他的妻子也很随和，与王室里许多比较拘谨的女性相比，他妻子的这种性格令人耳目一新。1865年，利奥波德舅舅去世，他是女王童年时父亲般人物中的最后一个。阿尔伯特亲王去世后，利奥波德舅舅一直帮助她，甚至在议会事务上向她提供建议。

维多利亚现在是一家之长了。她隐居而不顾的世界也在发生变化。1863年，世界上第一条地铁在伦敦主教路和法林顿街之间建成。1865年，一场争取妇女选举权的运动开始了，维多利亚女王是不会支持这种活动的，她认为妇女应该服从于男人。格莱斯顿先生决心通过另一项改革法案，两大政党正在调整布局。格莱斯顿领导下的辉格党成为自由党，主张改革，迪斯累里领导下的保守党主张建设帝国，发展资本主义，在君主制下积累财富。

女王的高地仆人

维多利亚的孩子们陆续有了自己的家庭，自然对自己小家庭的生活比对母亲的生活更感兴趣。维多利亚女王在绝望和孤独中，与一位高地乡下人——约翰·布朗结下了不寻常的深厚友谊。二十年前，她和阿尔伯特亲王开发巴尔莫勒尔庄园时，第一次与这位乡下人见面。约翰·布朗曾陪同他们多次游览高地，阿尔伯特亲王任命他为贴身侍卫。一开始，他似乎显得不太可能因为自己的工作得到女王的完全关注，但他居然做了近二十年的时间，的确让人惊讶。

1864年冬天，詹纳医生建议维多利亚重新学习骑马，这对身体和精神的健康都有好处。女王传唤约翰·布朗从巴尔莫勒尔到奥斯本过冬，担任她的马夫。亨利·庞森比是个老练、有教养的绅士，幽默感很强，而约翰·布朗是个性情粗犷的高地人，他不介意喝一点威士忌，也不怕大胆说出自己的想法。他似乎无视王室礼节，当他叫女王"女人"（Wumman）时，人们会用惊奇的目光看他，但他拒绝接受女王"不"的回答——维多利亚几乎会马上对布朗的直言和厚颜做出回应；从来没有人如此直接地称呼她。但慢慢地，布朗劝说她重上马鞍，而骑马让她觉得放松，让她从宫廷的乏味生活中解脱出来。

她和布朗的关系很快就变得非常亲密，她开始听从他的建议，与他讨论一些事务。终于，一个她可以信任的男人出现了，他们变得不可分离。约翰·布朗在家里、宫廷和家族中都不受欢迎，因为他做到了其他任何人都做不到的事。他甚至还能让女王开心地笑起来。在公众看来，隐居的女王成了一个快乐的隐士，人们的反对声浪愈发高涨，有人甚至散布谣言说她和布朗结婚了，流言甚至称她为"布朗夫人"。

维多利亚女王的传记作者伊丽莎白·朗福德没有找到任何证据表明他们是恋人，只能说是非常亲密的朋友；在约翰·布朗身上，维多利亚女王再次找到了一种可以依靠的感觉。1865年，女王为他设立了一个新的头衔——"女王的高地仆人"，这一举动对她树立公众形象毫无帮助。她还提高了布朗的薪水，提升了他在家族中的地位，并赐给他一幢巴尔莫勒尔的别墅。她能花几个星期时间，在高原地区漫游，拜访布朗的朋友和家人，或者参与到高地人的日常生活中。女王在她的日记中记录了许多高地生活细节。1884年出版的《我的高地生活日记》中，有这样一个令人悲伤的故事：

> 1872年6月11日，星期二
> 4点过后不久，布朗就进来了，说他被拉到了水边，因为有一个孩子掉进了水里……一定是淹死了。我吓了一跳。那是一个叫拉特雷

在奥斯本,五个孙辈围在女王的马车边,约翰·布朗站在马前

《火》杂志上有关女王和约翰·布朗的漫画

(Rattray)的人的孩子……和贝特丽斯和简·伊莱(Jane Ely)一起……我们沿着河的北岸行驶……两个女人告诉我们,有两个孩子掉进了河里(多可怕啊!),其中一个被救上来,"十来岁"……

6月13日,星期四

(我们)出发了……去了一个叫Cairn-na-Craig的小木屋……布朗先走了进去,见到了老奶奶……厨房里桌子上盖着一张床单……躺着那个可怜可爱的"小姑娘"。

布朗陪着女王到处走,给她读信件,与她讨论国家事务;她甚至还引用布朗的建议和想法。布朗还陪她出国旅行,尽管新任命的苏格兰医生里德(Reid)透露,布朗讨厌离开苏格兰。为了感谢布朗的奉献，维多利亚女王赠给他礼物。1876年圣诞节，女王送给他一个大银茶壶，正面刻着"给 V.J. 布朗"的字样，背面刻着她的徽章。其他礼物包括一个水晶和银制酒壶及一个银制剃须刀。

一个新角色

1868年，维多利亚女王欣然接受了一位比格莱斯顿和他的继任者德比勋爵更符合她的口味的新首相。本杰明·迪斯累里祖上是意大利裔犹太人，移民到了伦敦。他在一个贫穷的知识分子家庭长大。不过，他的父亲疏远伦敦的犹太社区，在本杰明13岁的时候，家里所有孩子都接受了英国国教洗礼。这使野心勃勃的年轻的本杰明·迪斯累里得以在下议院中占有一席之

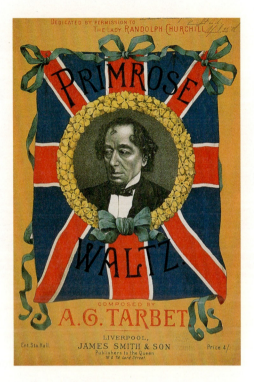

报春花华尔兹，一张音乐海报中嵌入了本杰明·迪斯累里的头像

女王赠给约翰·布朗的礼物。

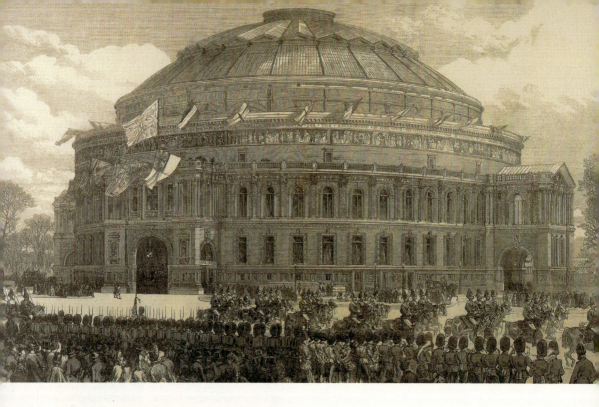

1871年4月8日《伦敦新闻画报》报道：女王为阿尔伯特亲王纪念厅揭幕

地，并最终成为首相。

在接受了约翰·布朗的率直讲话方式的同时，女王也被迪斯累里迷住了，她称他是自己的"小精灵"，甚至送报春花给他。迪斯累里迷恋帝国，把它看成是加强资本主义发展的一种方式，通过与帝国各国的贸易和服务，可以让许多英国公司变得十分富有。这种想让英国成为真正的帝国主义强国的愿望，只有在他说服英国隐居君主，让她认识到帝国的合理性并让她更多地参与公共事务，才有可能实现。女王被他的魅力和他对帝国的构想所吸引，有些紧张地同意参加议会开幕式，这是阿尔伯特亲王去世后的第一次。

但迪斯累里的第一个首相任期只持续到1868年底，格莱斯顿又回任6年。虽然格莱斯顿对帝国的建构兴趣甚小，对减少维多利亚女王的离群索居也没有起到什么促进作用，但他于19世纪60年代至70年代在英国推行了宪政和其他改革。当然，即便如此，维多利亚也没有克服对这位首相的极度厌恶。

复出

从19世纪70年代初起，也就是阿尔伯特亲王去世十年后，维多利亚女王开始变得更加坚强，对自己和她在这个世界上的地位更加自信。她接受了坎特伯雷大主教的劝告，探讨这样的可能性：自己可以更快乐，而不至于对逝者不忠。这一点也得到了约翰·布朗的支持。她在19世纪70年代的首次公开活动之一是参观了肯辛顿花园丈夫纪念碑对面的阿尔伯特纪念厅。该纪念厅于1871年正式开放。

女王肖像，小王冠戴在寡妇头巾上

1871年，女王也受到了可怕的惊吓。秋天，已经是五个孩子的父亲的威尔士亲王（伯蒂），患上了伤寒，一度病危。维多利亚女王担心阿尔伯特亲王那样的死亡再次发生，急忙赶到儿子床边，但幸运的是，他康复了。伯蒂仍让女王担忧。女王很喜欢儿媳妇亚历山德拉公主，但这无助于女王继续怀疑伯蒂担任国王的能力，因此，她很少把权力下放给他。亲王从伤寒病中康复后，有了变化。1872年2月，为了庆贺伯蒂康复，并庆贺自己的复出，女王参加了在圣保罗大教堂举行的感恩仪式。第二天，发生了第六次针对女王的弑君行动，约翰·布朗抓到了用一把未上膛的手枪指向女王的刺客亚瑟·奥康纳。

女王的形象也开始变得柔和了。她的衣着更加宽松，因为她的黑裙上增加了喷水珠和丝绸流苏作为装饰。但她还戴着白色寡妇帽，穿黑色大礼服，仍然保持着老妇人的气质。有时，她会佩戴一些华丽的钻石和蓝宝石首饰。她购买珠宝比结婚初期更有节制，现在通常只买些手镯和项链。自加冕以来，维多利亚女王觉得她的王冠太过沉重，佩戴起来也很麻烦——每次佩戴时都要从伦敦塔里珠宝馆的保险柜里取回——1870年，便委托匠人为自己制作了一个较小的王冠，由一条大项链上的1300颗钻石制成，重量只有5盎司（约142克），高3.75英寸（约9.5厘米）。从此，直到她生命的最后一刻，需要的时候，维多利亚女王都会在她的寡妇帽上佩戴这顶小王冠。

第九章 寡妇女王

第十章　维多利亚的帝国

随着 1865 年利奥波德舅舅去世，以及自己的子女与欧洲各国王室联姻，维多利亚女王实际上成了欧洲王室的首领。这个家族本身就像一个帝国——也许没有大英帝国那么广阔和强大，但却也很有影响力。1864 年，威尔士亲王和王妃生下儿子阿尔伯特，第二年又生了一个儿子乔治。现在，不仅维多利亚本人，就连她的儿子的继承权都有了保障。

儿女们的婚礼、孙辈的出生和长大后的婚嫁占用了女王大量时间。她不仅要考虑到未来生活中男女双方性格是否合适，而且还要考虑到婚姻对英国政治的影响。无论如何精心挑选，维多利亚女王有时还会为年轻人的行为感到震惊，例如，订婚夫妇在没有人陪伴的情况下外出，有时女儿或孙女因为穿上时髦的紧身衣而露出怀孕体态。

柏林发生的事情常常令女王非常担心。女王和如今的普鲁士王妃维姬之间的大量通信中充满了忧虑。维多利亚不仅关心政治方面的事情，还担心她的外孙，尤其是长外孙威廉。他的出生和幼年成长让她很高兴，但威廉天生一个弱小的脖颈，左臂肌肉萎缩，尽管试图通过运动来矫正，但一直没有发育到完全正常的程度。维姬和维多利亚女王 1863 年 4 月的通信显示，人们准备用多大的努力来矫正这个 4 岁孩子的畸形。

在一封发自柏林的信中，维姬对母亲说：

> 他们准备把可怜的孩子放进机器里，因为他的头不能伸直……这台机器肯定会让他受不了……朗根贝克（医生）认为孩子的头偏向很严重，这是他对孩子身体状况唯一怀疑的地方。他想把孩子脖颈的右半边切掉，这样可以将机器套上一段时间。

女王在温莎城堡写了回信，认为切割可怜的小威廉的脖子而套进机器里的想法很恐怖。

威廉在成长过程中，发现父亲软弱无

《不列颠帝国的寓言》，亚瑟·德拉蒙德（Arthur Drummond）绘（对页）

阿尔弗雷德王子和俄国沙皇亚历山大的女儿玛丽公主在圣彼得堡结婚

力,而母亲的忠诚又让他无法忍受,尤其是母亲试图将她从阿尔伯特亲王那里继承的价值观灌输给他。但正相反,威廉一意孤行。随着欧洲政治形势的发展,他意识到必须建立一个统一的德国,于是他被自己可以成为一个强大的主宰者的野心所吸引。这个角色形象与他的外婆所保持的形象截然不同,外婆直言不讳地表达对外孙越来越傲慢和无视他人的行为的绝望情绪。

维姬的生活变得复杂而痛苦。她拥护父亲曾经的主张,希望建立一个自由、统一的德意志国家,但她的公公,即普鲁士皇帝则希望普鲁士主导这个国家。这种意见分歧往往导致英、德、俄三国皇室家庭成员之间关系紧张。这些争端给维多利亚女王带来巨大的痛苦。尽管如此,维多利亚女王和她的女儿仍然保持着密切的关系,来往通信中讨论了每一个可能出现的问题,无论其关乎家庭,还是关乎政治。

婚姻和死亡

19世纪60至70年代,维多利亚和阿尔伯特的子女有规律地定期与欧洲王室通婚。1866年,海伦娜公主(家人称之为"连琴")与石勒苏益格 - 荷尔斯泰因的克里斯蒂安(Christian)王子的婚姻,进一步加强了英国王室与石勒苏益格 - 荷尔斯泰因的联系。这对夫妇生了四个孩子。

1874年1月,尽管以前与不名誉的女人有染,爱丁堡公爵阿尔弗雷德,不顾对俄国王室不信任的母亲的抗议,在圣彼得堡娶了沙皇的独生女玛丽为妻。这对夫妇育有六个孩子,其中一个在1914年成为罗马尼亚国王。

1878年,康诺特公爵(亚瑟王子)与路易丝公主和普鲁士弗里德里克亲王的女儿路易丝·玛格丽特(Louise Margaret)公主订婚。起初维多利亚女王觉得这桩婚事很不容易成功,因为玛格丽特的父母离异,而她自己也不是很有魅力。但这时,维多利亚女王已经学会了对决心结婚的青年男女不加阻碍。这对夫妇共生下三个孩子。路易丝公主离异后与英国自由派议员洛恩(Lorne)侯爵(后来成为阿盖尔公爵)的婚姻,对维多利亚是一个很大的安慰,因为这意味着夫妻俩将留在英国生活。不幸的是,直到1939年,路易丝与丈夫仍没有孩子。女王对儿女们的婚姻和孙辈出生给她带来的喜悦,被她的几位亲戚的离世造成的悲伤抵消了。1872年,女王的妹妹费奥朵拉去世,享年64岁。这时,利奥波德那种血友病的扩散后果已经在家族中显现。1873年,爱丽丝公主3岁的儿子弗里德里希·威廉死于血友病,因为他的母亲是携带者。

1878年,爱丽丝公主4岁的女儿玛丽感染了白喉,随后,爱丽丝自己也被感染。12月14日,她在父亲逝世纪念日去世了。维多利亚女王悲痛欲绝。爱丽丝在阿尔伯特生命的最后日子里一直是女王的重要支柱,现在却离去了。

女王赠给布朗夫人的礼物,上刻"亲爱的约翰"

爱丽丝公主墓

维多利亚决心抚养女儿留在达姆施塔特的五个孩子。此时,女王在纪念碑的设计方面有了丰富的经验,为纪念她的"亲爱的爱丽丝",她在巴尔莫勒尔阿伯丁花岗岩上竖立了一个大十字架。上面刻着这样的字:

为纪念亲爱的爱丽丝,大不列颠和爱尔兰公爵夫人:生于1843年4月25日,卒于1878年12月14日。母亲维多利亚女王泣立。

对女王来说,更糟糕的事情还在后面。1883年春,她下楼时摔了一跤,造成巨大疼痛,而且这之前膝盖的旧伤也复发了。约翰·布朗把她从沙发抱到了椅子上,詹纳医生和新招聘的高地人里德医生照顾她。此时布朗自己也不舒服,他因为过度劳累,被诊断得了红斑狼疮,这是一种皮肤感染,会导致发烧,脸色发紫。

女王和她的亲密伙伴都病倒了,而且似乎都没能很快康复。约翰·布朗的病情不断加重,女工直到很晚才意识到他的病情的严重性。1883年3月27日,约翰·布朗去世。利奥波德王子不得不把这个消息告诉母亲。这已经不是第一次了,女王很伤心,她又一次失去了一个可靠的伴侣。作为一个与君主关系密切但不是仆人身份的人,约翰·布朗的遗体被安放了六天,维多利亚女王打破传统,参加了在巴尔莫勒尔克拉西教堂举行的葬礼。她甚至在《泰晤士报》的宫廷布告栏里宣布了布朗的死讯。

兴建纪念设施是少不了的,在巴尔莫勒尔的院子里树立了一尊真人大小的雕像,在奥斯本树立了半身像,还制作了印有约翰·布朗照片的领带别针,赠送给王室工作人员。但有些人拒绝佩戴,因为这些人非常厌恶他。女王为布朗的母亲制作了一枚胸针,胸针上有一个椭圆形的鎏金边框,高约3英寸(不到8厘米),一面是约翰·布朗的照片,一面是他的一绺头发。镜框周围刻上"亲爱的约翰·布朗,1883年3月27日"的字样。维多利亚女王在《我的高地生活日记》的最后一章中评价布朗道:"他是个很好的侍从。这位忠心的侍从……已经不在她身边了,他如此真诚地、虔敬地、孜孜不倦地侍奉着她……他对我的损失……是无法弥补的,因为他当之无愧地得到了我的完全信任;我每天,不,每时每刻都想念他,他以其一贯的关怀、关注和忠心赢得了我的终生感激,这些话语，对实际情况而言，还是太轻微的表达。"

尽管血友病造成种种意外和挫折，利奥波德亲王终于长大成人，并于1882年4月与瓦尔德克-皮尔蒙特的海伦公主成婚。维多利亚女王出席了婚礼。海伦对儿子的奉献精神给女王留下深刻的印象，尤其在维多利亚把利奥波德的病情和与这样的病人一起生活的困难告知未来的儿媳后。

1883年，这对年轻夫妇的女儿爱丽丝出生。第二年年初，海伦又怀孕了，因此，利奥波德在去法国南部温暖地带疗养时没有让她陪伴。就是在这里，在戛纳散步的时候，利奥波德摔了一跤。有人很快就给英国发了信息，报告说他的身体快要不行了；像很多血友病患者一样，摔倒造成了内脏肿胀。

利奥波德与瓦尔德克-皮尔蒙特王室的海伦王妃在温莎圣乔治教堂举行婚礼

利奥波德第二天就去世了，正是约翰·布朗去世一周年的日子。他的儿子查尔斯·爱德华王子在他死后出生。对于维多利亚女王和儿媳妇来说，利奥波德的死是一个可怕的、毁灭性的打击。在爱丽丝公主和利奥波德亲王去世后，维多利亚经常佩戴一个吊坠，吊坠两侧各有一张他们的微缩照片。利奥波德亲王被安葬在温莎城堡新改造的阿尔伯特亲王纪念教堂。

一场产生一系列后果的婚姻

维多利亚女王必须迅速恢复体力，因为在利奥波德死后一个月，她的孙女，黑森-达姆施塔特的维多利亚公主，也就是女儿爱丽丝公主的女儿，将在达姆施塔特嫁给巴腾贝格的路易王子。女王决定担当已故女儿的孩子们的母亲角色，赶去参加了在达姆施塔特举行的婚礼，但没有参加婚礼后的庆祝活动，因为此时还处于利奥波德的丧期。

1884年年中，这场婚礼在欧洲的中心地带举行，成为一场盛大的家庭聚会，引起了不少反响。弗里德里希王储、维多利亚王妃（维姬）、威廉和维多利亚（维姬的女儿）从柏林赶来；威尔士亲王与王妃、英国的贝特丽斯王妃也都到场，还有许多其他的客人，大多数有亲戚关系。

对于黑森－达姆施塔特这个小国来说，这是一个喜庆时刻，但也隐藏很多的阴谋和波折。维多利亚女王刚刚去世的女儿的丈夫——黑森·达姆施塔特大公，以不想玷污妻子的名誉为借口，秘密与情妇亚历山德里娜·德·科莱明夫人（Madam Alexandrine de Kolémine）交往。在女儿出嫁的那天晚上，他偷偷地与德·科莱明夫人结婚。三天后，伯蒂把这件事报告母亲。女王十分气愤，深受伤害，坚持取消这桩婚事，婚事最终被取消了。维多利亚以真正的君主风范，按预定计划在达姆施塔特逗留，在这期间从未提及过这桩"不轨之事"，甚至在回国途中还让大公陪同。

兴奋和浪漫在这场婚礼上又开花结果了。黑森－达姆施塔特的伊丽莎白公主，在拒绝了她的表哥普鲁士的威廉王子之后，宣布与俄国的谢尔盖大公订婚。巴腾贝格家族的两个兄弟，亨利（被家人称为利科）和亚历山大（被家人称为桑德罗）很有女人缘。贝特丽斯公主是维多利亚女王最小的孩子，父亲阿尔伯特亲王去世时她只有4岁多，一直在母亲悲悼的阴影中长大，性情羞怯。即使成年后，她仍然被称为"婴儿"。在达姆施塔特，当贝特丽斯和利科之间产生了亲密关系时，维多利亚女王感到震惊。维姬在柏林，而爱丽丝也死了，想到自己的小女儿也要离开英国，她不能不伤怀。

接下来是保加利亚王子桑德罗（Sandro）的婚事。王子与普鲁士王妃维姬的女儿维多利亚一见钟情。桑德罗曾与沙皇发生过争吵，维多利亚的祖母普鲁士皇后和她的弟弟威廉都不喜欢桑德罗，只有她的母亲和外祖母赞成这桩婚事。几个月后，桑德罗的求婚者的地位变得岌岌可危。他无法击退俄国人对保加利亚的入侵，被绑架并被废黜了王位。维多利亚最终嫁给了沙拉堡－利珀的阿道夫亲王（Prince Adolphus of Schauraburg-Lippe）。

1894年，爱丽丝的三女儿阿利克斯（Alix）与俄国沙皇尼古拉二世结婚。这段婚姻在当时引起了轩然大波，最终以悲剧收场。他们生了五个孩子，唯一的儿子患了血友病。1918年俄国爆发大革命，沙皇全家被枪杀。

贝特丽斯公主和巴腾贝格的亨利王子之间的关系进展顺利，当亨利王子放

贝特丽斯公主和她的丈夫巴腾贝格王子亨利

弃从军生涯并同意在英国生活时,维多利亚女王对小女儿离开本国的担心也就烟消云散了。

1885年7月23日,贝特丽斯公主在奥斯本附近的威宾汉姆教区教堂与亨利王子结婚时,她是女王的女儿中唯一一个穿上了与母亲的霍尼顿花边婚纱一样服饰的人。这对夫妇的四个孩子都在英国出生,这让维多利亚女王非常高兴。

家族中不断出现的紧张关系,因为欧洲政治和一个国家的领导人决定扩大疆域而加剧。1877年,阿菲即阿尔弗雷德王子的岳父,即时任俄国沙皇,因入侵埃及的野心引发维多利亚女王以退位相威胁。次年,沙皇再次试图将俄国军队调入土耳其和巴尔干地区,引发了长期动荡,导致英国出动舰队。德国首相俾斯麦在柏林召集会议,其结果是,奥斯曼帝国最后的残余部分被俄国和英国瓜分，塞浦路斯成为英国领地。

大英帝国

虽然维多利亚在欧洲的影响力因其子女的联姻而不断扩大，但其与英国在世界范围内的影响力相比，还是微不足道的。维多利亚女王在位期间，大英帝国以前所未有的速度扩张。到19世纪80年代，成为有史以来面积最大的帝国，人口接近3亿。帝国在19世纪的快速发展，是建立在英国工业化基础上的具有资本主义精神的扩张的结果，同时也得到了本杰明·迪斯累里的政治观念的引领，保守党的发展也给帝国以相当大的助力。

正是在迪斯累里的影响下，随着世界上越来越多的地方成为"英国的"和"她的"，维多利亚女王开始热衷于获取新的领土和海上航线。在她统治时期，随着英帝国在全球的扩张，归入英国的领土、领地和殖民地比以往任何时候都要多：英国确成了一个"日不落帝国"。

此时，英帝国的附属领土、殖民地和领地包括亚丁（Aden）、澳大利亚、巴苏陀兰（Basutoland）、贝专纳（Bechuanaland）、英属北婆罗洲、英属所罗门群岛、英属索马里、文莱、加拿大、圣诞岛、科科斯·基林群岛（Cocos-keeling Islands）、库克群岛、埃及、斐济、冈比亚、吉尔伯特和埃利斯群岛（Gilbert

1886年6月25日在行业工会大厅举办的殖民地和印度招待会的邀请函

印度：一列火车到达时

and Ellice Islands）、香港、印度、背风群岛、马尔代夫群岛、毛里求斯、纳塔尔（Natal）、新西兰、北罗得西亚（Northern Rhodesia）、尼亚萨兰（Nyasaland）、巴布亚、萨拉瓦克（Sarawak）、乌干达、向风群岛。这些都是离英国很远的地方，大多数英国人听都没有听说过，除了对几个大国之外，很少有人对这些国家的人口数量发生真正的兴趣。

这些地方，作为帝国的一部分，意味着由白人统治。但维多利亚女王坚信，英国为世界各国人民提供的是安全、保障和进步。大英帝国是以一种没有计划、组织的方式开始的，是不受政治意识形态约束的探索和发现的结果。探险的英国航海家们在世界上航行，一发现新的土地，就升起英国旗帜，而土著居民通常对这种行为带来的复杂境况视而不见。

帝国逐渐发展起来。一些领地，如1623年的纽芬兰、1714年的加拿大和1788年的澳大利亚，面积巨大，却只有极少土著人居住。这些大片土地对来自温带的欧洲人来说显然并非适宜居住之地，因此，一开始没有被当作大规模移民的目的地。例如，澳大利亚在帝国开始阶段是作为运送罪犯和其

柯德尔斯顿（Kedleston）的寇松（Curzon）勋爵、雷瓦的大公和威格拉姆上尉（Captain Wigram）

他不受欢迎的英国公民的地方，尽管早在18世纪末，此地赖以繁荣的第一批羊群就被送达了。而印度就不同，英国水手们1601年首次侵入印度次大陆，寻找香料和其他财宝，即便那时，印度也被认为是一个特别好的投资目标。对于投资者、商人和投机客来说，帝国带来的收益可能是巨大的，但直到19世纪后期，英国人民才意识到帝国的巨大潜力，并将其作为获得更好生活的机会。在此之前，帝国领地一直是由政府派少数雇员去管理或让其成为投机客和投资者的乐园。工业革命为英国以外的投机客和投资者开辟了新的巨大的前景。

　　英国的煤炭可以运往全球各地的港口，为英国船只提供燃料；英国制造的铁轨和火车也被运往世界各地，因为铁路铺设在很多大陆上，塞西尔·罗德斯的梦想是建一条穿行于山间和峡谷的从开普敦到开罗的铁路。19世纪50年代发明的电报电缆，很快就铺设在英国领土和英国海底，确保了全球范围内信息传输的安全和保密性。历届英国政府的自由贸易政策使许多英国公司的钱袋充实起来，这些公司在整个帝国内做生意，不受关税影响，因为收入可以拿回国内。本杰明·迪斯累里是与帝国发展关系最密切的首相，维多利亚对帝国的发展给予了非常积极的评价。她坚信,这些掠夺来的土地成为大英帝国的一部分,会给当地居民带来好处。她始终没有任何种族主义情绪。在她统治的后期,王室雇用了亚洲人;她支持对布尔人用兵,因为她不想让南部非洲的黑人任由布尔人摆布。帝国不断获得新领地是维多利亚的一大兴奋点,每当收到新占领地的消息,她总是兴高采烈。她一直希望这些占领不会发生流血事件,并期待着有一天英国会在当地人民准备好了之后优雅地退出。

维多利亚女王坚定支持本杰明·迪斯累里的两个谋求帝国发展的举措。1875年,迪斯累里在罗斯柴尔德银行的帮助下,以英国政府的名义买下了破产的土耳其凯迪夫所拥有的埃及苏伊士运河的股份,使英国得到运河的大部分权益,从而控制了经红海通往印度的快捷通道。两年后,他在让维多利亚被拥立为印度女皇的过程中起了作用。

帝国是在双向贸易的基础上发展起来的。货物通过英国人的船只从世界各地进入英国,而英国人的生活方式也被带到帝国的每个领地。英国人把社交习惯、食物带到澳大利亚——澳大利亚的定居者到远离家乡的地方工作,对当地的作物并不了解,所以他们带来他们最喜欢的根茎类作物,如从国内寄来土豆,此外还引进体育运动项目,当然,还带来了语言。

动物和植物被引进陌生的环境,结果并不总是令人满意的。英国运到澳大利亚和新西兰的兔子成为这两个国家的祸害,威胁到了澳大利亚本土动物的

装载黄金的轮船离开道森

生存并造成新西兰的水土流失。另一方面，绵羊也为澳大利亚、新西兰和福克兰群岛带来巨大收益，发展成为规模庞大的肉类和羊毛产业。冷藏技术的发展，使得第一批新西兰的冷冻肉于19世纪70年代运抵英国。橡胶树被引入马来亚，形成庞大的橡胶产业；而裘园（Kew）的皇家植物园也迅速发展起来，为从苔原到赤道、甚至到南极的植物样本腾出了空间。植物学家们给其中许多植物冠以"维多利亚"前缀，以纪念他们的女王和女皇。

帝国早期，在海外公司工作或服务英国政府的职员任期结束后都会回国，很少人在异国他乡定居。多年来，大英帝国的领地对英国民众而言意义不大，日常的劳作和应付生活的变化已经够让他们操心的了。只有得到可能快速致富的承诺，如黄金、钻石、铜或廉价土地等出现时，移民才对投机者产生吸引力。早期开拓的殖民地通常由公司垄断，比如东印度公司和加拿大的哈得孙湾毛皮贸易公司。最终，这两家大公司都遇到了困难，不得不出售给政府。

帝国的管理者都是白人，符合英国人对外国人的恐惧心理。不断有公务员以外的专业人员被招募来管理帝国，包括医生、护士、律师、银行家和教师。他们在帝国统治时期繁衍的后代使城镇内的大型侨民社区发展起来，在原住民人口众多、社会组织化程度高的国家，这些英国人很少与当地人结交。据扬·莫里斯（Jan Morris）描述，他们甚至会把同规格的教堂、学校和板球馆，打包邮寄，在帝国的领地就地组装。同样的情况也适用于英国许多商店的服装，如伦敦的陆军和海军商店，专门为各种气候和各种环境提供服装和其他装备。

1890年，情况发生了很大变化。对许多中产阶级和工人阶级而言，在加拿大、澳大利亚或新西兰等"白人"殖民地定居的可能性已经可以变为现实，他们希望有机会在自己生活的土地上，在一条名为"皇后街"或"维多利亚路"上，在一个比他们母国英国更平等的社会里，建造一栋面积更大的房子，享受更好的生活。移民轮船的廉价船票很容易买到，因此，在维多利亚统治时期，到世界的另一个角落旅行对于很多人成为可能，而这些人在此之前，做梦都想不到能如此。19世纪90年代的殖民者与前几代殖民者的最大区别，是他们永远离开故国，到一片新的土地上开始新的生活，并不那么盼望返回。

女王与女皇

19世纪70年代中期，维多利亚女王意识到她的名号与她的地位有些不匹配：俄国、德国和法国的国家元首都称皇帝，而她这个最大帝国的首脑却没有这样的称号。迪斯累里1874年再次出任首相后，立即提出了立维多利亚女王为印度女皇的想法，这与他的帝国规划一致。1877年，一项皇家头衔法案被提交给议会，并获得通过。根据《德里公告》，维多利亚女王成为印度女皇。从此，她的签名变成维多利亚女王和皇帝（VRI：Victoria Regina et Imperatrix）。

印度在帝国的心目中一直占据特殊地位，它是一个幅员辽阔、人口众多、文化丰富的国家。作为帝国最大的属地，它矗立在帝国轴线的一端，另一端是大不列颠。1857年印度兵变后，殖民地的控制权从东印度公司转移到了英国王室。到19世纪60年代中期，电报的出现意味着英国政府只需几天的时间就能与印度沟通情况。

印度和东方异国的浪漫情调很早就吸引了维多利亚女王的想象力，她现在更是被印度迷住了。1851年伦敦博览会上，她收到了来自东印度公司的礼物，甚至连克伊诺尔钻石都成了英国王室的财产。她开始雇用印度仆人，特别是一个叫阿卜杜勒·卡里姆（Abdul karim）的印度人，被称为"孟希"，几乎取代了约翰·布朗在女王家中的地位。在19世纪90年代，她在奥斯本的宫殿里增建了令人印象深刻的杜尔巴厅，室内华丽的石膏装饰是鲁德亚德·吉卜林（Rudyard

《新皇冠换下旧的！》，《笨拙》杂志漫画，描绘的是迪斯累里献给女王印度皇冠。约翰·坦尼尔（John Tenniel）作

第十章 维多利亚的帝国

印度皇冠上的帝国标志，可能为加拉德（Garrard）所做

Kipling）的父亲设计的装饰品之一，他当时担任印度拉合尔艺术学校校长。

女王很想去印度，但这样的长途旅行对她这个年龄的女性来说太过冒险：她成为印度女皇时已近60岁。威尔士亲王代表她前往。因此，爱尔兰是女王漫长统治期间唯一访问过的英国以外的帝国领地。

对于维多利亚女王本人和她的臣民来说，印度在某种程度上也可以在国内体验到。印度的香料和茶叶已经在英国人的饮食中占据了一席之地。在维多利亚时代后期，大量从东方进口的商品加入这一行列，其中最好的商品，如来自印度、中国和日本的家具、纺织品和陶瓷等，进入伦敦的类似"自由"（Liberty）那样的商店。

尽管在19世纪的大部分时间，帝国对绝大多数英国人来说并不重要，但至少从万国博览会时期开始，英国国内开始有了帝国意识。维多利亚女王和迪斯累里在19世纪70年代加速了帝国意识的普及。随后，像作家鲁德亚德·吉卜林这样的人出现了，生在印度的吉卜林始终保持着强烈的帝国主义信仰，写了一些被人们称为印度故事的作品，实际上不过是一个欧洲人对印度的诠释。爱德华·埃尔加（Edward Elgar）的《华丽和情景进行曲》（*Pomp and Circumstance Marches*），也许更能体现出一种宏大气魄和帝国主义精神，而这种精神是在维多利亚女王和本杰明·迪斯累里掌舵下创造出来的。

19世纪90年代获得桂冠诗人称号的是阿尔弗雷德·奥斯汀（Alfred Austin）。1892年，丁尼生去世，1896年，奥斯汀被封为桂冠诗人。他也许是桂冠诗人中最狂热的一个。他是迪斯累里的追随者，也是帝国主义的热心支持者，他对大不列颠和帝国的直言不讳的歌颂可能从未被他的同时代人认真对待，但这些颂歌确实为思想和情感的奇妙的交叉融合培植了沃土，其情感思绪让人们觉得没有什么东西可以恢复原状，因为变化就是这个时代的特征。

帝国梦成了灾难

对非洲的征服,将被证明是对帝国主义观念和力量的最大考验。对撒哈拉以南非洲大片土地的征服,是英帝国主义进行的所有战役中最血腥、最耗费人力财力的。正是19世纪末在非洲,英国和其他欧洲国家展开了激烈竞争,目的是获得对这片广袤的、潜藏巨大财富的土地的控制权。当南部非洲的荷兰布尔人与英国人作战时,利奥波德舅舅的儿子利奥波德二世统治比利时殖民刚果期间恢复了那里的奴隶制,而法国、意大利和德国则试图抢夺这块庞大土地的其他角落。

19世纪70年代,维多利亚女王认为格莱斯顿对非洲用力不足。她还坚定地认为,英国不应该把非洲大陆南部的黑人让给荷兰人统治。英国人和荷兰人在南部非洲的第一次冲突发生于1881年,当时英国在那里的小规模部队显然不是布尔人的对手。

在遥远的北方,苏丹是另一个冲突热点。1884年,曾在这里测绘出白尼罗河源头的克里米亚勇士戈登将军被派往喀土穆(Khartoum),以平息穆斯林和埃及人之间的战争。当时英国在埃及已经有了驻军,戈登的任务是营救驻扎在埃及的士兵,但他很快陷入困境。尽管英国派出一支救援部队,但戈登还是于1885年在喀土穆被杀。

1886年,非洲南部的德兰斯瓦尔(Transvaal)发现了黄金,金矿掌握在布尔人手中。英国决心控制这些潜在的财富,不让它落入荷兰人和德国人手中。后者在维多利亚女王的外孙威廉二世皇帝的领导下,发出好战的鼓噪。1899年,

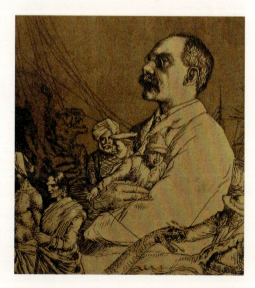

鲁德亚德·吉卜林,威廉·斯特朗(William Strang)绘

第十章 维多利亚的帝国

戈登将军在喀土穆的最后一战,W.G.乔伊(Joy)绘

南非布尔人和英国人发生了战争;一开始,布尔人取得了一场胜利,德皇向南非的克留格尔(Kruger)总统发去了贺电。维多利亚女王被激怒了,拒绝外孙来英国看望她。

英国向南非派遣数千名官兵,包括许多来自"白色殖民地"的战士。维多利亚女王无法理解为什么不动员黑人和亚洲士兵为英国作战。军队的指挥官们深知布尔人对土著黑人的态度,他们向女王解释了这样做的危险性。

1900年，形势出现转机。雷迪斯密斯（Ladysmith）的解围及英军在金伯利和马菲肯（Mafeking）的胜利——指挥官罗伯特·巴登-鲍威尔（Robert Baden-Powell）向女王报告了这一情况——让英国政府和王室欢欣鼓舞。1902年英国在南非取得对布尔人的最后胜利，正值第一次帝国庆祝日，维多利亚没能看到这一天。但她很清楚她的官兵所遭受的可怕损失。英国人伤亡数远远超过了布尔人，以近6000人死亡、23000人受伤的代价，结束了帝国的金戈铁马时代。

布尔战争纪念摇扇

第十一章　全民的女王

1887年6月，维多利亚女王登基满五十年，这也是她人生和她的统治时代的重要时刻。她在没有阿尔伯特亲王的支持下又为国效力了三十年，虽然她自己仍然身穿黑色服装纪念她逝去的丈夫，但宫廷中形式上的悼念早已不复存在。毫无疑问，女王已经从阿尔伯特去世后的长期隐居生活中走出来。

这一年，维多利亚68岁，身体强壮，健康状况良好。事实上，她比她的许多臣民活得长久，而且此刻，她再次对自己作为君主的身份和作为母亲、祖母和曾祖母的家庭角色充满信心。登基银质周年纪念已经过去，当时正值阿尔伯特去世刚几个月，女王沉浸在极度悲痛中，所以几乎没有人对她的登基纪念日发表评论。一开始，维多利亚女王并不想举办登基金禧年纪念活动，但威尔士亲王劝说她不要这样做。于是，进入1887年，不仅在英国，而且在帝国各地都开始举行庆祝活动。

随着更多孙子和曾孙出生，家庭继续占据维多利亚女王的大部分注意力；在后辈眼里，她就是那个慈祥可爱的"老奶奶"。从她晚年与孙子孙女的合影中，人们有时会看到一位脸上挂着灿烂笑容的白发苍苍的老妇人。这种怡人的面孔并不常见，部分原因是当时本来就不容易拍到一个人微笑的照片。即便德国那位桀骜不驯的威廉二世也很喜欢她，尽管这并不妨碍他经常做出令她愤怒的政治举动。在维多利亚女王的家里，孙辈和曾孙辈总是受欢迎的，育婴室设备俱全，大多是她自己的孩子小时候用过的物品。

连琴的女儿玛丽·路易丝公主对祖母身上的不骄不躁的气质印象深刻。有一次，当维多利亚女王为自己的雕像揭幕时，年轻的玛丽说，祖母一定为此感到非常骄傲。"不，亲爱的孩子，我觉得自己很卑微。"祖母回答说。她对家庭成员仍旧关怀备至，不允许年轻人欺负她的助手。终其一生，当她对家庭成员的行为不满时，很少当面指出，而是写信给他们，以避免冲突。

阿尔伯特亲王多年前也曾采用过同样的做法，通过写信解决与妻子的争端。在女儿或孙女经历分娩磨难时给以安慰，对女王来说也是常事。她们分娩时，女王一般都在场，维多

维多利亚女王，摄于1887年8月16日（对页）

难得一见的女王微笑照片，与贝特丽斯公主、维多利亚公主和曾孙女爱丽丝在一起

利亚王妃（维姬）生下女王35个孙辈中最小的四个时，女王更是给了极大的支持。她已故女儿爱丽丝的女儿、巴腾贝格的维多利亚怀孕时，女王坚持让她来英国，亲自照顾。在这种场合，她们作为女性团结一致。女王永远忘记了自己的分娩经历，在外孙女临产时彻夜陪同，一边擦拭她的额头，一边握着她的手，安慰她，亲眼看着曾孙女爱丽丝出生。爱丽丝就是现今爱丁堡公爵的母亲。

虽然维多利亚女王身高体重比例超标，但她的体质非常强壮，健康状况也很好。不过，随着年龄的增长，也不免有些小灾小病。1881年8月，年轻医生詹姆斯·里德爵士加入女王在巴尔莫勒尔的家庭，他写下的病历记录了女王患疾的情况。女王很喜欢他，认为他能胜任这项工作，因为他在维也纳医学院学习期间学得一口流利的德语，能够处理好与女王的德国亲戚之间的关系。

里德爵士记述，维多利亚女王受到消化不良和胃胀气的困扰。他认为这是女王过度沉迷于丰厚食物所致，建议她吃得更合理一些。女王拒绝了这一建议，但又抱怨说胃痛和胃灼热。每当这时，里德医生就把这一建议献给她，让她自己去寻找补救办法。她的膝盖也经常出问题，里德医生诊断为风湿病；她的腰痛也很厉害，有时通过按摩可以缓解。但她不愿被病痛压倒，对自己疲惫不堪的状态很不满。

1887年3月6日，女王在日记中这样写道："感觉很累，很疲惫，真的很累；喝完茶，在椅子上睡着了，这对我来说是很少有的事。"然而，她并没有累到不能旅行。金禧年春天，她照例出国度假，去的是法国南部，与她同行的有她的秘书亨利·庞森比爵士和私人医生詹姆斯·里德。访问艾克斯·勒班修道院时，她被邀请参观沙特鲁斯酒厂，那里的修士们酿造出了美味的沙特鲁斯烧酒。

他们接待女王一行期间，在宿舍区将一位23岁的英国神父介绍给女王。女王环顾这位神父过去五年里所住的小房间，为他的随遇而安的精神所感动，称赞说，这样的人并不常见。神父为她的到来欣喜。访问结束时，女王喝了一些浓烈的烧酒，回到住处颇感疲惫。

尽管阿尔伯特亲王曾试图用欧洲知识分子阶层比较有教养的模式熏陶女王，但维多利亚女王一生的生活品位和情趣仍很单调。丁尼生始终是她最喜欢的诗人，她喜欢读轻快的小说，不喜欢乔治·艾略特的作品，觉得很难读，而且可能还因为这位女作家太过于主张妇女选举权。她继续与柏林的维姬通信，那边的情况很不顺利，俾斯麦开始找她麻烦。女王在漫长的统治时期里收到很多来自世界各地的礼物，有闲空的时候，她把这些礼物整理归类，此外就是画画或编织。

1887年的英国政府是一个保守党内阁。格莱斯顿先生的自由党政府已经下台，他本人于1886年7月辞职，这让女王深感欣慰。新任首相的保守党领袖萨里斯伯里勋爵（Lord Salisbury）于1874年曾以克朗伯恩子爵身份担任印度事务大臣，一向反对爱尔兰本土自治。女王最喜欢的首相迪斯累里于1876年被封为比肯斯菲尔德伯爵（Earl of Beaconsfield），因此进入上议院。迪斯累里于1880年辞去首相一职，次年去世，让维多利亚女王非常伤心。

与格莱斯顿相比，维多利亚女王和新首相之间的关系要轻松得多，因为维多利亚女王继续履行她的君主职责，通过公文箱工作，写信、签署文件，并根据自己长期在位的经验给大臣们提供许多宝贵的建议。尽管国内和帝国事务占用了她很多时间，但随着其他国家开始变得工业化和更强大，欧洲内部事务也引得她关心。至于爱尔兰问题，历届政府都在为地方自治问题争论不休，给女王和

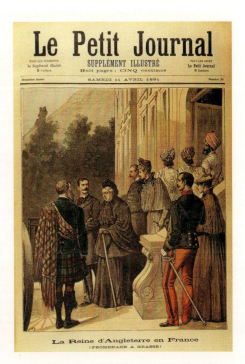

女王在法国南部度假期间访问格拉斯

第十一章　全民的女王

政治家们造成很大困扰。

金禧庆典开始

亨利·庞森比爵士从1886年起开始筹划登基金禧庆典，其主体活动是6月21日在威斯敏斯特大教堂举行的加冕日纪念典礼。五十年前，女王的加冕典礼就是在那里举行的。全国各地都在为这个纪念日举办庆祝活动，有人提议竖立纪念碑。维多利亚女王认为，再为阿尔伯特亲王设立一个纪念碑或塑像不合适，所以她批准为孤儿、病儿和体弱儿童设立一家孤儿院的计划，作为她的加冕纪念的一个很好的方式。她还特别赞同在弗洛伦斯·南丁格尔的支持下，用全国妇女筹集的7.5万英镑设立一家"女王加冕日护理学院"的计划。护士们提出了"社区护士"的新创意，同时也促进了培养有经验的助产士的计划。

1887年初，加冕典礼庆祝活动拉开序幕。2月，杜弗林伯爵写信给女王，描述了在加尔各答举行的为期两天的庆祝活动的盛况：

汤姆·迈利（Tom Merry）1887年制作的皇室庆典徽章

（人们）十分喜爱观看表演，16号，看了烟花表演，场面超过了他们以前看到的任何一次。主场景是陛下的头像轮廓突然出现，观众为之震惊。图像极为逼真，引起巨大的欢呼和惊叫声。

大约3万名印度和欧洲籍儿童观看了这场烟花表演，他们在加尔各答、马德拉斯（Madras）和孟买举行的其他庆祝活动中找到了乐趣。

在国内，维多利亚女王走遍了各地。她在城市巡视时，通常会受到热烈欢迎。偶尔有反君主制的言论，都被归入"社会主义者或爱尔兰人"之列。

3月，女王乘火车去伯明翰度过了一天。她经过小希思（Small Heath）公园时，两万名儿童沿路站立，高唱国歌。全城所有狭窄的街道上都人山人海，插满了国旗和彩旗。维多利亚女王虽然对人们狭窄的居住条件感到担忧，但她对前来为她欢呼的穷人和工人阶级人数之多感到高兴，她说："虽然人群中都是很粗糙的人，但他们很友好，欢呼声浪很高。"

她在市政厅受到隆重接待。让她感动的是，她讲话时，声音清楚，盖过欢呼声。在市长的陪同下，她从伯明翰的铜匠们为展示他们的技艺而制作的巨大拱门下走过，另一个是由消防队搭建的消防通道，有些人竟站在拱门顶端。她经过了爱德华国王文法学校，学生们在那里向她献词，随后，她为伯明翰的新法院奠基。最后，她回到火车站登车，在晚上7点回到温莎。伯明翰人给她留下了特别深刻的印象，虽然她认为他们的生活条件比利物浦的生活条件更艰苦，但对他们如此高的热情和忠诚度深感欣慰。

女王在连琴、贝特丽斯和利科的陪同下游览了伦敦东区和伦敦城。从伦敦城出发，他们路过阿尔伯特码头，停留片刻，看到巴纳多（Barnardo）医生家的男孩们穿着水手服，向他们挥舞国旗。巴纳多医生为赤贫儿童开设了九十家收容所，大多坐落在东区，那里有很多贫困的孩子。他接受医生培训时，曾在一所破旧的学校工作过，在那里了解到数百名儿童所面临的恶劣生活条件。1866年，他创立第一个少年收容所。到1899年，他获得特许，将自己的住宅用作全国贫困儿童救济协会的一部分。

在这次对伦敦东区和市中心的巡视中，维多利亚女王第一次参观了伦敦市长的官邸，受到市长和市议员的觐见，并在那里喝茶。市长11岁的女儿向她

维多利亚女王金禧庆典公园集会,弗里德里克·萨金特(Frederick Sargent)绘

献上了一个天竺葵花束，花束按照城市徽章——红十字和短刀的形状编成。王室一行在傍晚时分抵达帕丁顿，8点半前回到了温莎。虽然疲惫不堪，但人民的忠诚再次让女王感到满意。

5月19日，也就是女王68岁生日五天前，女王收到柏林维姬发来的报告她丈夫病重消息的电报，要求立即派喉科医生麦肯齐（Dr. Mackenzie）前往柏林为弗里茨会诊。柏林的两位医生已经诊断出他的喉咙里有一个小肿块，怀疑是恶性肿瘤，而麦肯齐医生是唯一有能力进行手术的医生。在那个年代，不向病人透露病情的严重程度是很常见的事，尤其是在患了癌症的情况下。维姬和家人决定将真相告诉弗里茨，安慰他，不必为失声和手术担心。而维多利亚女王则特别担心女婿的病情，女儿的苦恼让她想起了阿尔伯特最后几天的病痛。

女王68岁生日的庆祝活动在巴尔莫勒尔举行，维多利亚的第一个来访者是带着蹒跚学步的儿子的虔诚的女儿贝特丽斯。她的儿子给外婆带来了一束百合花。"按照惯例，其他的礼物都摆在了我最亲爱的阿尔伯特房间的礼物桌上，我收到了这么多可爱的东西！"生日当天女王是在儿女、孙辈和曾孙辈的簇拥下度过的，礼物成堆——不但为她的生日，而且为她的加冕纪念日。

为纪念这个日子，维多利亚女王向她的所有家人和工作人员发放了朱丽叶别针，晚上，她还和家人一起吃了一顿特别的晚餐。这一切，与她在肯辛顿宫度过18岁生日那天截然不同。那时，她紧张地期待着国王威廉四世逝世的消息，并思考着自己的未来。

来自柏林的更多消息并不让人乐观，因为麦肯齐医生和德国医生产生了分歧，麦肯齐医生宣布，切除肿块后并没有发现什么异常，而德国医生则说弗里茨病得太重，不适合旅行。但是，大女儿和女婿还是在6月20日从柏林赶到伦敦，参加了金禧庆典。

宴会和大游行

6月20日，女王从温莎出发，开始了一天的行程。在弗罗格莫尔用过早餐后，她在贝特丽斯和利科的陪同下，乘火车前往帕丁顿，在那里登上了一辆马车，

威斯敏斯特大教堂举行仪式后,维多利亚女王的马车驶过国会广场

经埃奇维尔路和海德公园前往白金汉宫。这时,人群已经开始排队向他们招手了。在白金汉宫,家人聚集在一起,包括比利时国王利奥波德二世、科堡公爵欧内斯特、柏林王储威廉王子和他的妻子多娜,以及女王的众多孙辈。其他宾客包括萨克森国王、奥地利的鲁道夫(Rudolph)、夏威夷女王、暹罗和波斯的王子、印度的王子和王公,以及"泰勒博士带着他向我推荐的两个印度仆人,是两个戴着深红色和白色头巾的俊美男子",女王对印度的迷恋得以在英国实现。

午宴在大餐厅举行。1861年阿尔伯特去世后,维多利亚女王再也没有使用过这个餐厅。下午晚些时候,她与伯蒂、亚历山德拉和丹麦国王一起参加了

第十一章 全民的女王

宴会，丹麦国王可能是唯一一个参加过她的加冕典礼的人。晚上是一场盛大的晚宴，随后是舞会。

6月21日上午，当维多利亚女王看着王宫外的人群时，想起了她和阿尔伯特在海德公园出席万国博览会开幕式的情景。维姬的女儿、普鲁士维多利亚公主这样描述当时的心情："五十年来，我的祖母以一种慈祥和亲切的态度统治着她的人民，并从他们的心中得到迅捷的回应。"

当游行队伍离开白金汉宫前往威斯敏斯特大教堂时，满载着家人和应邀来宾的马车在明媚的阳光下闪闪发亮，与珠宝、五颜六色的服装和制服交相辉映。有一辆

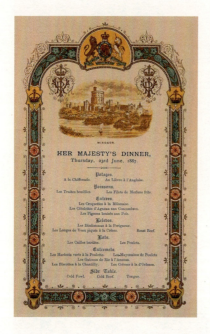

庆典周的节目单

马车上坐着十二名印度军官；另一辆马车上坐着女王的三个儿子和五个女婿；九个孙子和孙女婿坐在一起，还有一辆车上坐着三个女儿、儿媳和三个孙女。上午11时30分，维多利亚女王身着常穿的黑色礼服和头巾，在亚历山德拉公主和维姬的陪同下，乘坐由六匹马拉着的镀金敞篷马车，行进在游行队伍的最前面，离开王宫，卫兵骑马伴随。利科第一次穿上了英式军装，弗里茨也是如此，显得非常精神。当这场盛大的游行队伍经过时，人群中发出了兴奋和崇敬的欢呼声。多年后，普鲁士的维多利亚公主这样写道：

> 我的祖母受到了人民的热烈欢迎，他们一直对我们的王室非常宠爱；但我几乎认为对我父亲的欢呼是那个万众欢腾的日子里最热烈的。他身穿白色军服，戴着鹰状头盔，骑在马上，高贵的身影高高耸立于众王子之上……是典型的童话时代的骑士。

游行队伍经过宪法山、皮卡迪利大街，穿过特拉法尔加广场，来到大堤，

再到威斯敏斯特大教堂。在这里，维多利亚女王受到了坎特伯雷大主教和威斯敏斯特大教堂主任牧师的迎接。女王的家人先行入内，在国歌声中，伴随着亨德尔的《即兴曲》，女王缓步走进大殿。

在大教堂里，她像四十九年前加冕典礼上一样，"独自一人"坐在那里。但这一次，她要写的是"独自一人（哦！没有我亲爱的丈夫，对他来说，这将是多么自豪的一天！），四十九年前我坐在这里，接受王公大臣们的敬礼。"她很享受这场仪式，尤其是向阿尔伯特的致敬仪式。最令她感动的是仪式的最后，她的儿孙辈及他们丈夫、妻子们都走上前来，亲吻她的手。

仪式结束后，游行队伍缓缓驶回白金汉宫，由于沿途人流拥挤，到达时间比预计的要晚。午饭很晚开始，到下午4点才吃完。维多利亚女王在观看了蓝夹克军团的行军队伍经过后，进入小宴会厅，在那里，人们献上礼物——她的孩子们送来了一个漂亮的银盘，比利时人送来了一个杯子，还有夏威夷女王送来的插在她的名字首字母周围的奇异的羽毛。

傍晚，又有一场盛大的晚宴。维多利亚女王穿上了绣有银色玫瑰、荆棘和三叶草图案的礼服，戴上钻石首饰，接受献给她的祝酒词和演说，就寝的时候听着外面欢呼雀跃的人群高唱《上帝保佑女王》和《统治吧，不列颠尼亚！》。第二天，维多利亚女王参加了庆祝宴会，并向她的客人们颁发了金禧奖章。

在庆典结束时，维多利亚女王说，她很感激自己能成为大家关注的焦点，但也为那些不能与她在一起的人感到难过。接下来的四周里，维多利亚女王的花园聚会、检阅、奠基、晚宴等活动接连不断。7月中旬她抵达奥斯本，又有更多的活动等着她，包括检阅部队。英国和帝国各地都举办了庆祝活动，人们为维多利亚女王的生平和成就祈祷和祝福。有人用梵文唱起了国歌，并首次拍摄和散发了王室庆典照片，还为纪念这一特殊时刻制作了各种各样的纪念品。

金禧庆典纪念杯碟

1888年2月，弗里茨病情恶化。他在亲生父亲德皇威廉一世去世后刚刚做完手术。现在，弗里茨成为德皇弗里德里希三世，

维多利亚女王的外孙威廉二世

维姬当了皇后。4月,维多利亚女王在贝特丽斯和亨利王子的陪同下前往欧洲大陆,先在佛罗伦萨住了几天,然后去柏林看望她的女儿和女婿。

在佛罗伦萨,王室成员们在灯火辉煌中欣赏游行和乐队表演。女王收到了一本纪念这次访问的照片集,并在乌菲兹美术馆参观了绘画作品。

从佛罗伦萨出发,维多利亚女王乘坐火车前往柏林。她在因斯布鲁克(Innsbruck)翻越阿尔卑斯山,于4月24日抵达,她的女儿和外孙到车站迎接。

她来到夏洛滕堡宫,见弗里茨病得很重,很为女儿担忧,花了很多时间安慰她。女王在返回英国前,会见了德意志帝国宰相俾斯麦。

弗里茨于6月15日去世,在位仅几个月。维多利亚的外孙威廉(威利)继位,即德皇威廉二世。得知弗里茨的死讯,伯蒂立即前往柏林陪伴妹妹,并向母亲报告了妹妹的痛苦。

尽管维多利亚女王完全有能力为新任国家元首提供许多宝贵的建议,但她并不告诉外孙如何开始新的工作。相反,她在给他的信中主要表达的是对女儿的担忧,回忆起自己的悲痛经历,只字未提已经当上皇帝的外孙的事:

亲爱的威利:

你的妈妈不知道我在给你聊这个话题,她也没有向我提过,但在和伯蒂舅舅商量过后,他建议我直接给你写信。我也请你容忍可怜的妈妈,如果她有时感到烦躁和激动的话——她不是这个意思。想想她经历了多少个月的痛苦和担忧,以及多少个不眠之夜的守护,就释怀了。我殷切期待一切都能顺利进行,我这样公开地写出来对我们双方都好。

新德皇和他的宰相急于使德国在工业上强大起来,他们将成为 19 世纪末欧洲历史舞台上的重要人物。维多利亚女王也许意识到了这一点:她对外孙的权力欲的担忧已经多次表现出来。

女王的"孟希"

维多利亚女王对印度仆人特别是阿卜杜勒·卡里姆在她的金禧庆典之年进入她的家庭感到高兴。她能够接纳来自世界各地的不同种族的人进入她的生活,这在她那个时代是不常见的,尤其是在英帝国主义主张白人统治永久化的时候。

维多利亚女王与她的刚丧夫的女儿普鲁士王妃维姬

1887 年 6 月到达英国时,阿卜杜勒·卡里姆还是个 24 岁的英俊青年,他几乎立刻成了维多利亚女王的家庭一员,在她的生活中充当了很重要的角色。女王被封为印度女皇时,她就对自己无法出访印度感到失望,一直迷恋印度的生活情调和社会习俗。于是,她很快就被阿卜杜勒·卡里姆迷住了。卡里姆教她印度语,并将咖喱引进她的菜单。1889 年,卡里姆还说服她,仆人这个角色对一个在印度当过文员的男人来说太低级了。于是,维多利亚将他提升为职员,并授予他"女王的孟希"称号。他和之前的约翰·布朗一样,很快与女王各方面的工作产生了密切关联,还就印度事务向女王提供建议。她如此沉迷于卡里姆,以至于委托艺术家冯·安杰利为卡里姆画了一幅肖像。就连她的仆人的服装也必须尊重东方习惯,巴尔莫勒尔的仆人们都要穿上印度风格的长外套和裤子;在奥

阿卜杜勒·卡里姆（"孟希"）在服侍女王

斯本，仆人也穿上了印度服装，配上鲜艳的腰带和头巾。

维多利亚女王的家庭成员和王室职员们越来越气愤了，不仅因为"孟希"与君主的工作太过密切，而且还有其他印度仆人出现在王室中。当然，他们的态度在今天看来是公然的种族偏见和对另一种文化的无知。

在布莱玛尔（Braemer）高地运动会上出现了孟希的头巾，在法国的一次皇家假日聚会上，王室成员拒绝与卡里姆共进晚餐，女王对此极为愤怒，谴责这种卑劣的行为。她决心保护她的所有印度仆人，特别是孟希。她对所有人的抱怨置若罔闻，不允许王室成员以任何轻蔑方式与仆人们交谈。

1894 年，维多利亚任命孟希为"女王的印度秘书"，并允许他有自己的助手，人们对此普遍感到失望。许多人拒绝接纳卡里姆的朋友拉菲丁·艾哈迈德（Rafiuddin Ahmed）的到来；尽管此人最终被解职，但人们仍不甘心，继续努力揭穿孟希的老底。印度总督所能找到的最新信息是，孟希的父亲是阿格拉（Agra）的一名监狱药剂师，而不是像人们所说的那样是一名医生。维多利亚女王拒绝接受家人和政客们称孟希是个骗子或其他任何她听到的贬损的说法。最终，人们找不到什么证据来证实诋毁者的攻击。而维多利亚女王以其进步的反种族主义观点，对这些说法置之不理，是正确的。

维多利亚女王对印度的迷恋并不止于孟希和其他的印度仆人。多年来，她一直为奥斯本没有一个足够大的房间来举行盛大的招待会而苦恼，然而她又不愿扩建这座建筑，因为这样做会破坏阿尔伯特亲王设计的意大利式外墙。在奥斯本，所有夏季大型活动都是在户外帐篷下举行的。终于，1890 年，她鼓起勇气追求自己的梦想，并像她的叔叔乔治四世一样，决定建造自己的印度馆。

在现有的亭台后面的空地上，与亭台相连的巨大的杜尔巴厅建成了。路易丝公主、贝特丽斯公主和亚瑟王子都为设计出谋划策，但事后却后悔不已，因为没有注意使新建筑的外观与阿尔伯特亲王最初设计的建筑相吻合。尽管如此，其内部却成了一座充满异域风情的梦幻般的印度式宫殿。

维多利亚女王委托印度工匠制作了对这个项目成功至关重要的装饰品。来自拉合尔梅奥艺术学院的巴伊·兰姆·辛格（Bhai Ram Singh）设计了天花板的石膏模具，由伦敦的杰克逊（G. Jackson）公司铸造，白色的石膏墙用柚木镶边。设计中加入了印度的象征物，包括印度的象鼻财神和用500个小时制成的一只孔雀标本；餐椅是由拉合尔艺术学院的校长、鲁德亚德·吉卜林的父亲设计的。

整个房间成了维多利亚对印度的美好想象，多少有点不和谐，仿佛东方的异国情调来到了怀特岛。女王非常喜欢她的新房间，拿来用于聚会、宴请，以及圣诞节庆祝活动。圣诞节欢庆的时候，惯常出现的冷杉树就会摆放在这些桌椅旁边。

第十二章　登基六十年的女王

1896年9月23日，也就是登基钻石禧庆典9个月前，女王的统治达到了一个非同寻常的时刻：在位的时间比之前任何一位英国君主都长。35年前，阿尔伯特亲王去世，她还以为，没有丈夫的王国治理和日常生活，坚持一年都是不可想象的。然而，尽管她多年来一直处于悲悼的情绪中，但她还是活过来了，现在亲人、家庭和国民的大多数都对她充满敬意。维多利亚和阿尔伯特带给新中产阶级对幸福的家庭生活的憧憬，而晚年的维多利亚女王就像大不列颠一样，站在一个强大而富有的帝国的巅峰。

她的最后十年，死亡和悲悼更多。她的好朋友、桂冠诗人阿尔弗雷德·丁尼生勋爵于1892年去世。她的忠实而有耐心的秘书亨利·庞森比爵士于1895年离她而去。1895年，她的表妹泰克的玛丽公主逝世，玛丽公主的女儿与伯蒂的长子阿尔伯特订婚。王室家族成员相继去世，职员们也陆续退休，其中有些人为她服务了60年。约翰·米金（John Meakin）为女王编织长袜60年。女王的刺绣师安·伯金（Ann Birkin，出生于1816年，比维多利亚女王大3岁）自女王继位起一直在长袜上绣女王名字的首字母。1892年，年事已高的格莱斯顿重返首相岗位，继续推动通过《爱尔兰地方自治法案》。在下议院任职63年的格莱斯顿于1898年去世，享年89岁。

王室职员和朋友们的离去让女王悲伤，而在最后十年里，女王的个人损失更为惨重。1892年1月14日，伯蒂的长子阿尔伯特在即将大婚时突然死于肺炎。维多利亚女王非常难过，为伯蒂和亚历山德拉担忧。王储顺位给伯蒂的次子乔治王子，而关于他是否会娶玛丽公主的猜测很快传开。阿尔伯特王子去世两个月后，又传来爱丽丝的丈夫黑森-达姆施塔特大公路易去世的消息。

此时，贝特丽斯公主和她的丈夫亨利亲王（利科）已经非常投入地照管他们四个年幼的孩子。利科生性活泼，和之前的许多王室年轻人一样，他已经开始觉得在宫廷中度过的漫长的夜晚相当乏味。1895年12月，他加入前往西非黄金海岸的阿山蒂（Ashanti）使团，他的目的之一是为了帮助英

女王的钻石禧庆典纪念册中的图像：女王与家人在温莎团聚，巴尔莫勒尔的风景等（对页）

四世同堂：爱德华·阿尔伯特亲王（后来的爱德华八世）受洗礼，他的父亲约克公爵（后来的乔治五世），他的祖父威尔士亲王（爱德华七世，即伯蒂），他的曾祖母维多利亚女王。W.&D. 唐尼（Dawney）摄

国人从法国人和德国人手中夺回失去的领地，当然也有逃避单调的家庭生活的意思。贝特丽斯虽然不愿意，但也知道，丈夫为了自己的自尊心，必须去；这对他来说是非常刺激的事情。但维多利亚女王对利科的依赖，却让他感到震惊，女王担心他无法应付当地的气候。仅过了几个星期，贝特丽斯就收到了丈夫发烧的消息，几天后，1896年1月22日，利科死于疟疾。贝特丽斯悲痛欲绝。她有四个年幼的孩子，其中最大的只有10岁，最小的莫里斯只有5岁，她自己的父亲去世时她也是差不多这么大。母女俩又一次互相扶持，就像贝特丽斯一生中的大部分时间里所做的那样，不过这次是母亲安慰女儿。

维多利亚女王安排将利科的遗体运回英国，并出席了在威平汉姆（Whippingham）教区教堂举行的葬礼，看着她的女儿以坚强的状态应对这一切，与自己多年前沉浸在悲痛中的行为方式大相径庭。贝特丽斯是她最小的孩子，可能是与母亲一起生活、受母亲悲伤情感影响最大的一个。

当外孙女，爱丽丝的女儿阿利克斯和丈夫沙皇尼古拉二世从俄国赶到巴尔莫勒尔庄园看望女王时，女王的生活才稍有些光明。爱丽丝崇拜外祖母，但维多利亚对沙皇很有戒心，竭力邀他参与谈话。回到俄国后，尼古拉二世称这次访问非常无聊。

非洲大陆上的战争和小规模冲突对欧洲列强是一个巨大的考验。维多利亚女王仍然决心在与非洲南部的布尔人的冲突中取得胜利，部分出于帝国的自尊心，也因为新发现的黄金和钻石带来的财富预期。

与布尔人的战争是一场决定维多利亚女王与她的外孙威廉二世皇帝关系的可怕冲突。1895 年,英国人支持的詹姆斯敦突袭失败后,威廉二世给克留格尔总统发去贺电,这一举动激怒了维多利亚,以至她拒绝威廉二世访问英国。当威廉二世到访怀特岛,参加后来的考斯帆船赛时,待在停泊于考斯港的游艇上,并没有去奥斯本宫拜访女王。不过,他对外祖母的年龄心中有数,经常要求里德医生随时向他通报外祖母的健康状况和其身体明显的恶化迹象。

乔治王子(后来的乔治五世),现在成了继伯蒂之后的王位继承人,最终娶了他已故哥哥的未婚妻、泰克公主玛丽,这给近几年来的一连串死亡目录带来了一些幸运的气息。1894 年,他们的儿子、维多利亚的曾孙爱德华——就是未来的国王爱德华八世——的出生让维多利亚女王很兴奋,她喜欢和这个孩子、他的父亲和祖父一起合影,以展示王朝四代的风采。

钻石禧

女王登基六十周年的庆祝活动不应像十年前的五十周年那样隆重,是王室的既定方针。维多利亚女王现在身体相当虚弱。凯·斯坦尼兰德透露,女王的礼服大幅缩短,表明身高缩短了约 4 英寸(约 10 厘米);女王这个时期的服装显示出她的身高为 1.42 米,腰围为 46 英寸(约 1.17 米)。

女王也很伤心,尤其是利科去世后。她害怕在威斯敏斯特大教堂举行漫长的宴会和令人疲乏的庆祝活动。她觉得这一切对她来说太过沉重。于是,她计划在伦敦城的圣保罗大教堂举行一场规模较小却也很隆重的庆典。即便如此,正如历史学家扬·莫里斯所说,这次活动仍然被认为是要展示帝国的成功和力量,也表明英国达到帝国强盛的顶点,同时也是帝国人民表达对君主的感情的一次机会。

居住在帝国各处的英国人纷纷发来贺电,这让维多利亚女王知晓,她和家人的照片和相关报道对那些生活在遥远的地方的人来说是多么重要,其中一些人从未回过"家",这些照片和报道提醒

钻石禧纪念币,背面是女王肖像

着他们"母国"的存在。

1897年3月,女王去法国南部旅行,但这次度假并没有使她精神焕发,在钻石禧庆典前几个星期里,维多利亚女王情绪相当沮丧,总是昏昏欲睡。不过,她还是将男爵爵位授予了一向忠心耿耿的里德医生。1897年6月22日,女王乘坐敞篷车从白金汉宫出发,前往圣保罗大教堂,因为身体太过虚弱,她不能走上大教堂的台阶,改在教堂外台阶上举行了感恩仪式。之后,她被簇拥着走在拥挤的街道上,走过豪宅大厦,过伦敦桥,沿着泰晤士河南岸,穿过威斯敏斯特桥,到达议会广场,最后回到白金汉宫。现场有很多人挥舞着工会徽章,购买纪念杯和盘子。《伦敦新闻画报》和其他报刊报道了这一盛典,世界各地的教堂都为维多利亚女王在位六十年举行了感恩仪式。

20世纪的曙光

到19世纪末,如果说英国人有很多东西要感谢,那么,其他国家的人也是如此。工业化带来的变化不再局限于英国,其他国家,特别是德国和美国,也在享受其好处和效益。在这两个国家,人们致力于发明新的机器,而且往往是较小的机器,虽然小,其革命性意义不亚于改变了英国的铁路和磨坊里巨大的发动机。当亚历山大·格雷厄姆·贝尔(Alexander Graham Bell)在温莎向维多利亚女王展示他发明的电话时,女王一开始没有认识到电话的潜力,但到1899年,她已经成为电话的狂热用户了;她还使用了雷明顿(Remington)打字机,这台新的打字机改变了作家的工作方式。在19世纪90年代,留声机也是一项新的发明,使人们在家听音乐成为可能。1896年,马可尼(Marconi)先生带着他的理念和设备来到伦敦,制造出了无线电报。维多利亚女王等王室成员很早就见识了动画(电影)的演示。当时的照明设备,已经是用电而非煤气了。

19世纪90年代,汽车已不仅是一种可能,马车时代已接近尾声。1897年,戴姆勒公司在伦敦举行了新汽车公司的第一次投资商年会。19世纪80年代中期,奥托·戴姆勒(Otto Daimler)设计出了德国最早的不用马拉的车子,并从1895年开始在英国投产。第一批出现在伦敦街头的汽车是从德国进口、奔

1897年6月22日，女王出席在圣保罗大教堂前举行的钻石禧庆典

驰公司生产的小型双座汽车。1900年，威尔士亲王购买了三辆戴姆勒汽车。1898年，亚历山大·格雷厄姆·贝尔不满足于电话的发明，开始试验飞行器。随着新世纪的到来，一个崭新的时代也开启了。

第十三章　女王最后的岁月

忧伤和衰弱是维多利亚女王生命最后几年的常态。她的身体已经非常虚弱，行走很困难。因此，奥斯本的住处安装了一部电梯，这样她就不用再爬高大的楼梯了。虽然她的智力没有受到影响，但由于患青光眼，她的视力越来越差，即使后来戴上眼镜，也无法挽救部分视力的丧失。贝特丽斯公主为她读国务文件，并替她草拟批复，当然，最后的裁决权仍在女王手中。为了让女王看清自己的笔迹，特地定制了黑色墨水。女王的日记一直写到1901年1月6日去世前几天。她的侍女玛丽·马利特（Marie Mallet）念给她听的书，一般都内容压抑，为的是配合她的心绪，因为近期发生的死亡事件使她的内心阴云密布。

有关她的两个孩子的噩耗给她生命的最后几年笼罩上永久的阴霾。1898年12月初，当得知柏林的维姬得了重病时，她几乎不能相信，甚至在日记中也不愿承认这个事实。女儿的病被诊断为脊椎癌。自维姬去柏林生活后，母女俩通信近五十年，关系非常亲密，维多利亚女王从来都记得这一点：大女儿继承了阿尔伯特亲王许多优秀品质和高超智慧。

1899年2月，维姬被确诊后两个月，阿菲的儿子小阿尔弗雷德死于肺结核。当阿尔伯特亲王的哥哥、萨克森－科堡公爵欧内斯特显然临终无后的情况下，14岁时就在皇家海军服役的阿菲被确认为萨克森－科堡家族的继承人。此前的1893年，欧内斯特公爵去世，阿尔弗雷德正式成为新的萨克森－科堡公爵。

维多利亚女王在阿尔伯特（这里指伯蒂的长子）死后不久，又失去了萨克森－科堡的孙子，这让她非常难过。她也非常担心阿菲的健康，阿菲生病已经有一段时间没有好转了。1900年夏天，阿菲的病情引起了人们的极大关注。在被确诊患喉癌一个星期后，他就去世了。81岁高龄、身体非常虚弱的女王不得不面对失去自己的第三个孩子的悲痛，还有对大女儿也将去世的恐惧。接着，秋天，另一个孙子，石勒苏益格－荷尔斯泰因的克里斯蒂安·维克多王子在南部非洲去世。在这段时

女王生命的黄昏，被漫长过往的回忆缠绕（对页）

间里,她一直和维姬保持书信往来,她知道维姬也快死了。两个关系极为密切的女人试图通过书信联结在一起,但在她们的文字背后,是她们都知道的各自即将到来的结局。

对于一个多年被死亡和丧事所支配的人来说,女王除了在弗罗格莫尔建造陵墓外,直到 1897 年才为自己制定了葬礼计划,这确实令人惊讶。关于自己的葬礼,她打破传统,坚持认为不应该以黑色主导——在实际举行的葬礼上传统习俗还是很明显的——因为受印度教对死亡的态度和罗马天主教使用白色的影响,她留下遗言,自己入殓时用白色和金色裹尸布,尽量减少奢华和仪式,并希望她身边的印度人和德国人也能加入送殡队伍。按照四十年前的计划,她最终将在弗罗格莫尔的阿尔伯特亲王身边安息。她瞒住家人,让化妆师将自己的一些私人物品放入棺材;这些物品中有她一生各个时期的照片和佩戴过的珠宝。

由于身体虚弱,维多利亚女王认为 1900 年到法国度春假会很困难。于是,她访问了爱尔兰,在都柏林过了几天风光的日子。1900 年的夏天,也就是她一生中最后一个夏天,是在巴尔莫勒尔

灵床上的维多利亚女王

奥斯本的维多利亚灵堂

度过的，这时她的身体已不舒服，没有从苏格兰享受到以往那样的乐趣。

在奥斯本的圣诞节也不是很愉快，因为她几乎看不到闪闪发光的圣诞树和杜尔巴厅里的庆祝活动。1901 年初，女王的健康状况进一步恶化；她情绪低落，几乎完全卧床不起。里德医生于 1 月 5 日发现她病情严重。两天后，她又中风了，神志不清，进入弥留的阶段。她的儿女和孙辈被传唤到奥斯本，陪伴她度过最后的时光。温彻斯特主教也来了，还有来自威平汉姆的牧师，这让她高兴，因为她从来不喜欢这位牧师被冷落。

德皇威廉二世非常关心外祖母的健康，他离开自己重病不能行动的母亲，赶到英国陪伴外祖母最后的日子。女王去世前几个小时，还用尽力气拥抱了她的长子（继位者），低声呼唤着他的名字。王储对母亲即将离世感到难过，对自己的未来无疑也充满了惶恐。女王辞世的最后几个小时里，德皇和医生支撑着她的头颅，家人们一直围着她。1 月 22 日凌晨，女王逝世。

记者们得知女王的病情，纷纷在门外等候，渴望得到消息。他们得到通知说女王病危，让他们准备将消息报道给国民。终于，他们得到了期待已久的消息：女王已于 1901 年 1 月 22 日上午 6 时 30 分去世。

英国和世界震惊了：大不列颠和爱尔兰的维多利亚女王、欧洲的祖母、印度女皇，在位时间最长的君主，离开了这个世界。六十三年来，她统治了一个在英国和世界历史上都堪称独一无二的时代。对她的许多臣民来说，她一生都在陪伴他们。威尔士亲王（伯蒂），年近60岁的新国王，给首相、伦敦市长和其他政要发去电报：

> 我敬爱的母亲，女王陛下，刚刚在她的子女和孙辈陪伴下去世了。

帝国各地的礼拜场所都在为女王祈祷，并进行布道。1月27日，威斯敏斯特大教堂的教士汉斯莱·汉森（Hensley Hensen）牧师在大教堂的布道很有代表性：

> 女王陛下在位时间如此之长，以致几乎没有人记得其他君主：她如此坦诚地、如此热情地参与到国民生活中，如此赢得同情，使我们所有人都觉得自己与她有着某种特殊的联系，而且这感情越出我们的公民责任的范畴。我们几乎还不能意识到女王的去世给国民生活带来的巨大空虚……伟人的突出地位和公共形象的一个结果，是他们的榜样力量的提升能力。一个腐败的宫廷是腐败的渊薮，一个邪恶的君主是国家的灾祸。我们可以估量维多利亚女王的纯洁的生活和有秩序的宫廷在她长期统治期间对英国社会产生了多么大的善的影响！每一位神职人员、慈善家、社会改革家，在过去的六十三年里，都能从这个国家的王座上看到一位盟友，一位同情者……

对许多人来说，女王无疑具有伟大的母亲的形象，是安全和保障的提供者。西伦敦犹太教会堂的拉比·伊西多尔·哈里斯（Rabbi Isidor Harris）甚至将她的生平和业绩与大卫王相提并论：

> 她初登王位，接手的是一个被内乱困扰的国家，国势衰微。她身后，留下了一个强大的联合的帝国，从埃及边境到黎巴嫩脚下，从幼发

拉底河到大海……她初掌王国的时候，不仅英国，而且整个欧洲都因为政治观念不同而分裂，那时候，她的王位远远没有"以宽广的民意作为基础"（丁尼生致女王语），而被多种危险困扰。但现在，却永久地扎根于民众普遍的情感之中。

维多利亚女王的灵柩由阿尔伯塔号运载驶过索伦特海峡，1901年2月2日

女王的葬礼

女王葬礼的准备工作立即开始。詹姆斯·里德医生帮助化妆师和护士将遗体抬起来，为女王穿上绸缎长袍，系上丝带。随后，遗体上覆盖鲜花，脸上罩着纱巾，头上戴着寡妇帽。这时，里德才注意到她让女仆放在她身边的那些私人纪念品。棺材盖封上，她的家人并不知道这个秘密。女王的遗体在奥斯本她的卧床上停放十天后，灵柩于2月2日启程前往弗罗格莫尔最终安息地，从东考斯渡过索伦特海峡，乘坐皇家游艇阿尔伯塔号（Alberta）到朴茨茅斯。这是一个非常庄严而又感人的时刻，登贝莱伯爵夫人茜茜（Cissy）写道：

> 这是一个阳光灿烂的日子。过了一会儿，一艘黑色的鱼雷驱逐舰驶过来，示意阿尔伯塔号离开奥斯本。来自英国和外国的每艘舰船都鸣放礼炮，天空上出现奇妙的金粉色……深色的滑翔体型的八艘鱼雷驱逐舰缓缓驶来，沿着长长的战列舰缓缓驶去，白色的阿尔伯塔号紧随其后，看起来非常弱小……一动不动的身影，围着白色的棺材站立，棺材上有王冠和权杖。它庄严而缓慢地在平静的蓝色水面上航行，让人产生莫名的窒息感，在人们心中唤起对她的船队最后一次接受女王

检阅时的场景的记忆……无声无息。船队在阴霾中远去，留下了让人难忘的悲伤。

灵柩从朴茨茅斯出发，乘火车前往维多利亚车站，伴有两小时的军队仪仗行进仪式。送葬队伍中有新国王爱德华七世、德皇威廉二世和三十八位王子王孙。队伍穿过伦敦城，在帕丁顿登上了前往温莎的火车。从都铎王朝开始，君主的葬礼一般在晚上举行，但这次改在白天。在温莎车站，一匹马跑掉了，皇家海军仪仗队不得不用炮车把棺材拖进城堡。

葬礼仪式在圣乔治教堂举行，欧洲王室成员参加了葬礼，这些人都与维多利亚女王有亲戚关系。帝国各地同时举行了悼念活动。葬礼结束后，灵柩被安放在相邻的阿尔伯特纪念教堂，这是维多利亚女王为其已故丈夫建造的。棺材在那里停放两天，随后，按照女王的意愿，被送到弗罗格莫尔的皇家陵墓，葬在她亲爱的阿尔伯特亲王的石棺旁。

从维多利亚车站到帕丁顿，送葬队伍穿过伦敦市区

与此同时,在柏林,维姬正在与癌症搏斗,痛苦不堪,以致必须服用吗啡镇痛。新王后亚历山德拉去看望她,妹妹海伦娜也赶过去陪伴。维姬在母亲去世6个月后的8月5日去世。

上:帕丁顿车站停靠的皇家君主号机车,等待运送女王灵柩前往温莎

下:最后一程:送葬队伍离开温莎前往弗罗格莫尔墓地

第十三章 女王最后的岁月

后 记

维多利亚女王去世后，与她亲爱的丈夫合葬，由阿斯顿·韦布爵士（Sir Aston Webb）设计的巨大纪念碑在白金汉宫外的步行道尽头竖立起来。一直居住在这里的她的继任者、她的直系子孙，从白金汉宫的阳台上可以清楚地看到这个纪念碑。维多利亚女王的儿子伯蒂在近60岁的时候即位，即爱德华七世。后来，爱德华七世卖掉了奥斯本庄园，但王室成员仍然常去巴尔莫勒尔，在温莎城堡的时间比在白金汉宫的时间更多。

维多利亚女王漫长的一生，统治了一个正在经历着前所未有的工业、技术和社会变革的国家，而她本人也能够很好地接受这些变革。对她个人而言，她一生经历的变化是巨大的。女王出生于1819年，是汉诺威公爵的女儿，上层社会的孩子，对伦敦一小片区域外发生的许多事情毫无所知，她坐着马车，依靠马背上的信使传递信息。而到她生命末期，伦敦街头出现了第一辆汽车，她也是电报和电话的热心用户。铁路改变了人们的生活，她拥有了自己的皇家列车。

从19世纪50年代开始，维多利亚和阿尔伯特都使用了摄影术，使她的统治和王室第一次被图像详细地记录下来，而作为这个时代的另一个创新，大众市场的报纸也不断地提供着他们的图像。突然间，王室的行为和生活方式为大众所熟悉，并为人们所效仿，而不像她直系祖先那样遭到鄙视。在她统治的整个时期，有人要求废除君主制，尤其在认为君主制太过奢华或君主不尽职的情况下，但英国没有像其他欧洲国家那样走到革命边缘。

也许维多利亚女王最大的遗产就是给君主制带来了稳定和延续性，这在她登基前的汉诺威王朝九任君主统治的岁月里是缺乏的，从而确保了君主制的未来。她的祖父乔治二世在其漫长的生命中的最后几十年里一直是个疯子，她的两个叔叔乔治四世和威廉四世，都曾与很多名誉欠佳的女人过着丑闻不断的生活。在以前能接纳情妇和非婚生子的地方，维多利亚女王引入了受阿尔伯特亲王的路德教信仰影响的清教徒主义。这对夫妇对彼此的忠诚，他们的九个孩子，以及建立在强大而幸福的

维多利亚女王和四个孙辈，1900年（对页）

奥斯本女王的房间

家庭生活和明确的道德观基础上的生活方式，对社会各阶层产生了影响。

维多利亚尽力坚持履行君主的职责。最初，在阿尔伯特亲王指导下，她竭力在君主和议会之间形成了一种与她之前的君主和议会之间关系相比更好的关系。在她统治期间，政府对选民负责，通过了两项改革法案，使选民的代表性越来越强。尽管女王与几位首相有意见分歧，有人认为，她也许并不完全了解作为一个"立宪君主"的全部含义，但她确实把实际的治理权交给了首相。我们只能推测，如果阿尔伯特亲王还活着，会产生什么结果：他可能希望为他的妻子进而为他本人争取更高的政治地位。没有了他，维多利亚女王最初是迷茫的，但在孤独地度过十年后，她恢复了自己的尊严和公众的信任。在欧洲其他国家正在建立共和制的时期，她及时地回归了公共生活，制止了共和主义者的要求。

维多利亚女王作为国家军事力量的最高领导者，把关怀和同情心灌注到自己的工作中。她对在国外服役的军队中出现的疾病、死亡或被杀的报道感到非常痛心。

她会把钱寄给士兵和水手的遗孀，看望从克里米亚和帝国战场上回来的伤病军人，她还设立了维多利亚十字勋章，作为表彰个人英勇的勋章，不分军衔，都可以获得。

最重要的是，她是一个格外不拘小节的人，平易近人，不分种族和阶级。

她嫁给了阿尔伯特王子——一个被许多英国国会议员和上层阶级不信任的外国人，她与高地人约翰·布朗建立了亲密关系，而这个人的社会地位远远低于她。晚年，她毫不掩饰自己对印度仆人阿卜杜勒·卡里姆的感情。

对于她那个时代的女性而言，这些都是非凡的品质。

维多利亚女王是一个复杂的人物，她对作为君主的责任感很强，即使在她一生中最黑暗、最动荡的时期，她也决意继续坚持下去——只有一次她威胁要退位，那是1877年俄国威胁要夺取埃及的时候。她很害羞，但又很自信；她生活品位不高，在巴尔莫勒尔高地漫游的日子里，她能在珠宝上花费数千英镑。她是一个对家庭和国家都很有爱心的女主人，她对她的长子和长女有话直说，尤其是当长外孙凯撒（威廉二世）的性格和行为让她感到不安的时候，能直率地把自己的想法告知长女。

维多利亚时代的社会动荡和变革是前所未有的，女王的丈夫起到催化剂的作用，他将当时的设计师、工程师、创新者、工匠和制造商聚集在一起。他最大的成就，也是女王统治时期的亮点之一，就是办成了万国工业博览会，而女王一生最大的悲剧则是阿尔伯特亲王的早逝。

"维多利亚时代"这个词来自女王的名字，让人联想到一个巨大的时代主题：工业与工作、发明与创新、设计与制造、创业与资本主义、财富与贫困、城市人口与富裕的中产阶级、帝国与帝国主义。然后是建筑、工程、制造、时尚和文学等方面的维多利亚时代的独特风格和形式。后者以查尔斯·狄更斯、勃朗特姐妹、乔治·艾略特、盖斯凯尔夫人等人的作品为代表，以独特的方式描述了这个时代可怕的社会动荡和个人的悲惨遭遇。

在女王统治期间，英国的景观发生了翻天覆地的变化，建筑师和建筑商们建造了磨坊和工厂、火车站、高架桥和隧道，以及大量的住宅，到了19世纪末，英国从以农村为主变成了以城市为主的国家。在整个英国和帝国，许多别墅、街巷、公路、广场、酒馆、花园、城镇、州、瀑布、河流、湖泊和山脉都以女王和其丈夫的名字命名。

在19世纪中叶，随着埃德温·查德威克关于公共卫生的报告和弗洛伦斯·南丁格尔在克里米亚的护理经历，人们对公共卫生的态度发生了巨大的变化。威廉·詹纳爵士发现了伤寒和斑疹伤寒病毒的区别，人们对卫生和细菌在疾病传

白金汉宫外的维多利亚女王纪念碑揭幕

播和感染中的作用有了更多的了解。詹姆斯·辛普森医生对乙醚和氯仿的研究和使用，使女王本人在生下最后两个孩子贝特丽斯和利奥波德时减少了痛苦，通过公开她在分娩时使用氯仿的信息，妇女对分娩时止痛的要求得到满足，这给后世留下了一笔伟大的遗产。在她的金禧之年，女王对成立以自己在位金禧年命名的护士基金会感到高兴，该基金会使更多的妇女能够获得新的社区护理和助产服务。

教育和福利是维多利亚时代的主要问题。改变就业方式的立法和教育法案意味着，到了19世纪末，孩子们开始上学，不再长时间在工厂做工。因为贫穷子弟学校、女子教育基金会、职业男子学院、公共图书馆和慈善基金会的成立，教育不再是富人的专利。

在维多利亚女王统治的最后几十年，帝国达到了巅峰。毋庸置疑，建立帝国，以及英国几代人对帝国的统治过程中有过流血与暴力。但殖民地从英国脱离后，引入民主制度，建立起了公平的法律体系，为所有人提供受教育机会，并尽可能地缓解贫困。

在那个时代，印度是大英帝国中最大的殖民地，其最后一任总督是维多利亚女王的曾孙路易，即缅甸的蒙巴顿伯爵。1947年，印度获得了独立，而1857年的兵变似乎早已预示了独立的前景。今天的英国成为一个跨文化的国家，许多来自前帝国领地的人们带来的文化丰富了许多村镇和城市的生活。他们的融入并不总是那么容易，也许维多利亚女王的热情、以身作则和她那不分种族、宗教或阶级接纳每一个人的能力如今已经被忽略了。

有时，人们以怀旧的心情看待维多利亚时代，因为维多利亚时代的价值观——家庭、严肃的道德准则和富裕而强大的帝国——被视为我们今日已经失去或摒弃的东西。在维多利亚女王去世后的一个世纪里，人们的生活发生了很大的变化，因此，也许有必要记住，对很多人来说，19世纪的破坏规模也相当大，而且是严重的、危险的，带有不确定性。维多利亚时代就像女王本人一样引人注目，深刻地影响了和不可逆转地改变了当时及后世每个人的生活。